A mi hija Sarah,
Mi inspiración,
mi más grande motivación.

INSPIRACIÓN
Historias de vida que te harán crecer como persona.

INSPIRACIÓN

FERNEY RAMIREZ
Cuentos Motivacionales.

Este libro fue impreso en Chicago por primera vez en el año 2017

"INSPIRACIÓN" Historias de vida que te harán crecer como persona, es una obra original de Ferney Ramírez, Autor. Copyright©2017. Derechos reservados. Impreso en Estados Unidos de Norte América. Se prohíbe reproducir, almacenar, copiar o vender cualquier parte de este libro de manera alguna o por cualquier medio sin previo aviso, autorización o permiso escrito, excepto en el caso de citas cortas o referencias bibliográficas. Si deseas mayor información, comuníquese con Ferney Ramírez al (773) 547-7584 o al (630) 880-8004. También en el correo: ferneyrh@hotmail.com

Primera Impresión. Marzo del 2017
ISBN: 978-1-5323-3724-6

Contenido.

Pág.

Introducción..11

1. Nunca dejes de brillar........................15
2. El Héroe de tus Hijos, eres tú............ 20
3. Se fiel a ti mismo............................... 25
4. Disfruta a tus hijos hoy 30
5. No te apresures, todo a su tiempo........39
6. Todo tiene una explicación.........…......45
7. Haz la diferencia ante los demás........50
8. No le tengas miedo a las críticas........56
9. Nunca pienses que no puedes...........61
10. Valórate tal como eres......................68
11. Haz de las dificultades, oportunidades75
12. Asume tus responsabilidades…........86
13. No cambies lo mucho por lo poco......93
14. Lucha por tus sueños....................…103
15. Ten control de ti mismo..................109
16. Siembra gratitud...........................115
17. Lo que siembres, cosecharás….......121
18. Escoge muy bien lo que quieres...…127

19. Cuida lo que amas........................133
20. Libérate de ti mismo....................140
21. Defiende lo que crees..................145
22. No dejes que te controlen..............155
23. Corrige tus Hijos a tiempo.............160
24. Nunca pierdas la Esperanza...........165
25. No sub-estimes a nadie................171
26. Ten respeto por los demás.............178
27. No te apegues a nada..................184
28. Usa palabras para construir...........192
29. No permitas que te ensucien..........199
30. Ama sin ataduras........................204

INTRODUCCIÓN

Este libro es el resultado de algunas experiencias que he vivido y que a lo largo de mi existencia, he tenido la oportunidad de convertirlas en Aprendizaje, pues cada vez más, me convenzo que, vivir es aprender. Creo firmemente que en la vida no hay **conflictos**... hay **retos**, que es diferente y, como tal, hay que asumirlos.

Todo lo que vives, es una lección y cada lección es una posibilidad para aprender, corregir, superar y volver a intentarlo. Así mismo, pienso que los obstáculos son "alternativas" para ver la vida diferente, para salir de esa zona de confort donde nos gusta estar siempre y de donde nunca desearíamos salir.

Suena un poco extraño, pero es la verdad; si miras tus experiencias, por difíciles que estas hayan sido, si las ves desde una perspectiva de aprendizaje, no vas a dar pie para que en tu vida, la frustración y el sentimiento de impotencia se queden contigo. Al contrario, vas a entender que fue necesaria esa vivencia para adquirir más sabiduría y madurez.

Todo depende con la actitud que asumas las cosas, si eres una persona con una mentalidad derrotista, te vas a convertir en una "víctima" de ti mismo… pero si asumes la vida con una actitud de fortaleza y valentía, siempre vas a hallar la solución a todo lo que vivas; o por lo menos, vas a tener control de tu ser ante las adversidades cuando los vientos no soplen a tu favor.

Este texto, es también la recopilación de una serie de reflexiones positivas, poderosos mensajes llenos de motivación que he encontrado en libros, audios, internet, etc. Y que me han ayudado enormemente a ver la vida con ilusión.

Vas a encontrar en este escrito varias fábulas llenas de inspiración que van a enriquecer tu pensamiento porque traen consigo enseñanzas que te harán ver el gran ser que tú eres, la enorme capacidad que hay dentro de ti para hacer el bien y, sobretodo, te van a llenar de ganas de vivir y seguir creciendo como persona.

En últimas, esto es lo que yo pretendo al escribir esta obra, poder contagiarte de positivismo, de la alegría que necesitamos para vivir el día a día; llevar a tu vida un poco de luz ante las confusiones, esperanza ante la angustia y mucha fortaleza en esos momentos de zozobra e incertidumbre.

Estoy seguro que vas a hallar en estas sencillas anécdotas, profundas moralejas que podrás aplicar a tu vida personal o familiar; lecciones que te harán pensar y ver la vida desde otra perspectiva.

Te invito para que leas atentamente cada una de las reflexiones que escribí y te sugiero, que los bellos mensajes que éstos traen, los puedas compartir con los demás. Estos relatos se hacen más provechosos cuando tienes la posibilidad de leerlos y analizarlos con las personas que viven contigo.

Quiero que generes una especie de diálogo con tus hijos, pareja o padres -si es el caso- entorno a cada meditación... vas a ver cómo esto creará no sólo un momento de unión familiar que tanto se ha perdido, sino que también, ayudará a fomentar el hábito de leer, fundamental para nuestros hijos... costumbre que muchos, por la tecnología, han dejado de hacer.

¡Que las historias que aquí te comparto, te ayuden a ser mejor persona cada día y te iluminen para llenar tu vida de mucha sabiduría!

Ferney Ramírez, Autor.

INSPIRACIÓN

1. NUNCA DEJES DE BRILLAR.

Esta historia la leí hace varios años, pero no me canso de leerla, sobretodo, en aquellos momentos en los que he sentido que algunas personas han querido hacerme la vida difícil, -que por cierto, nunca han faltado- Pues es justo en éstos instantes, donde esta fábula me ha hecho ser más fuerte, vigoroso y seguro de mí mismo para no desistir. Porque en últimas, eso es lo que tus adversarios quieren… ver que te rindes y lo dejas todo para dejarles el camino libre a sus mezquinos intereses.

- Cuenta la historia que en un potrero de muchos arbustos, al acercarse la noche, todos los días, una víbora de gran tamaño siempre salía a cazar. En cierta ocasión, esta empezó a perseguir a una pequeña luciérnaga que tranquilamente se paseaba por el lugar.

Al verla, la indefensa luciérnaga huía muy rápido, tenía mucho miedo de ser devorada por la feroz depredadora, pero la serpiente, entre más la perseguía, más se llenaba de coraje, pues su astucia no le era suficiente para atrapar aquel pequeño animal. Esta lucha por alcanzarla se hacía toda la noche hasta el amanecer y cuando el reptil se cansaba no tenía más remedio que rendirse por ese día. Pero a pesar de esto, en ningún momento pensaba desistir.

Así pasaron muchos días... a la semana de estar en esta lucha, la pequeña luciérnaga ya no tenía la suficiente fuerza para seguir huyendo de esta enorme culebra y esa noche, completamente débil, detuvo su agitado vuelo y enfrentó con firmeza a la feroz víbora.

Le dijo a la serpiente:
- No entiendo ¿por qué me persigues? ¿por qué me quieres hacer daño?

- ¿Por qué me miras con odio, por qué no me dejas en paz? ¿te he hecho algo a ti o a tu familia para que me trates así?

- No acostumbro a responder preguntas a nadie y mucho menos a presas como tú... pero como te voy a devorar, puedes decirme todo lo que quieras -le dijo la feroz serpiente dispuesta a devorarla-

- ¿Te puedo hacer otra pregunta? -le dijo la Luciérnaga angustiada-
- Dime.
- ¿Pertenezco a tu cadena alimenticia?; es decir, si me comes, se te va a quitar el hambre?
- No, -contestó-
- ¿Yo represento un peligro para ti, para tu supervivencia?
- No, -volvió a responder-
- Entonces, ¿Por qué quieres acabar conmigo?

-¡Porque NO SOPORTO VERTE BRILLAR!, fue la última respuesta de la serpiente.

Muchas personas se sienten amenazadas cuando un colega o alguien cercano a su trabajo o familia, les va mejor en sus proyectos, tiene muchos talentos o éxito en su vida. Se sienten desplazados u opacados y esto puede desencadenarles una serie de actitudes o sentimientos negativos hacia la persona que triunfa.

Desafortunadamente, a veces, permitimos que estas personas logren intimidarnos o paralizarnos con su veneno, lo cual nunca deberíamos aceptar, porque nadie puede ser feliz por mí. Sólo yo soy el constructor de mi vida, de mi destino, de mi éxito…

Algo que tengo muy claro, porque lo he aprendido con creces, es que tus triunfos y logros, a mucha gente, no les va a gustar; por el contario, les va a molestar, ¡Y mucho!

INSPIRACIÓN

Cuando esto te pase, no dejes de brillar, continúa siendo tú mismo; sigue haciendo la diferencia ante los demás, dando lo mejor de ti. No permitas que la inseguridad de otros te paralice; no dejes que te hieran, que te devoren, sigue brillando... siempre para adelante, nunca te quedes mirando lo que pasó o lo que pudo ser... Sé siempre auténtico y triunfador.

¡Aunque tu luz le fastidie a las víboras!

2. EL HÉROE DE TUS HIJOS, ERES TÚ.

Hace algunos años atrás, tuve la oportunidad de compartir al lado de un gran ser humano; de hecho, era mi jefe en la compañía donde yo trabajaba y tuve el honor de crear una relación muy cercana con él. Lo admiraba mucho, no sólo por su profesionalismo sino también por sus valores, su sencillez y calidez humana. Algo que apreciaba de él, era la forma como se relacionaba con su esposa, ambos: Jairo y Doris, tenían una relación de pareja muy sana y armoniosa.

Cierto día, fuimos a almorzar con un grupo de compañeros de la oficina, como era usual, en algunos momentos, hablábamos de nuestras familias, de los logros de los hijos, de anécdotas que nos hacían reír y que hacían parte de nuestras vidas.

INSPIRACIÓN

En ese preciso momento, Jairo nos contó una aventura que a todos nos hizo reír bastante pero que, en últimas, resultó siendo una gran lección de vida para mí... pues hoy que tengo una hija, recuerdo con mucho aprecio y cariño, aquella valiosa experiencia que él nos compartió.

- Nos comentó que cuando su hijo estaba pequeño fueron de paseo a Cuba, -ellos vivían en Bogotá, Colombia- Él venía al lado de su niño y se aproximaban a aterrizar... cuenta que ese día había mucha turbulencia y el avión se movía demasiado, su esposa estaba un poco nerviosa, y él, aunque no lo manifestaba también estaba bastante tenso. Su niño lo miraba pero él apretaba su brazo contra el pecho del pequeño, eso lo hacía sentir seguro y protegido. Cuando el avión tocó la pista de aterrizaje, se sacudió muchísimo, haciendo un ruido aterrador que enmudeció a todos los pasajeros.

Según Jairo, fue un silencio de mucho miedo, se percibía en el ambiente bastante angustia y tensión, pero a él lo único que le preocupaba era su familia.

Apretó muy duro el pecho del menor para que no se lastimara, temía que el impacto llevara al pequeño a pegarse en la cabeza o algo por el estilo. Fue tan fuerte el apretón que el niño se quedó completamente quieto. En ese instante, el chico a todo grito, le dijo a su papá:

 - ¡Papá, tú eres mi héroe, gracias por salvarme la vida!

Cuenta mi amigo que fue su hijo quien sólo habló en ese momento y sus palabras se escucharon en gran parte del avión; obviamente, la gente rompió en risas, no podían evitar las carcajadas, pues la respuesta del chiquillo resultó muy oportuna para romper ese gran momento de tensión.

INSPIRACIÓN

Jairo abrazó emocionado al niño y aunque al comienzo sintió algo de pena por su reacción no pudo evitar conmoverse ante tal destello de admiración y gratitud por su padre.

En ese momento todos mis compañeros y yo soltamos la risa porque no nos podíamos imaginar cómo se habría sentido el papá de abochornado ante las miradas y las risas de los demás. Pero así son los niños, unos grandes maestros al momento de expresar lo que realmente sienten. ¡Ojalá así fuéramos los adultos, que nunca perdiéramos esa capacidad de admirarnos por las cosas de la vida!

Esa misma tarde, cuando iba para la casa me fui pensando en esa anécdota que aunque parecía muy divertida, grabó en mi mente para siempre esa frase que me hace reflexionar todos los días: "PAPÁ, TÚ ERES MI HÉROE"

¡Que hermoso sería que todos los padres fueran los héroes de sus hijos... ¡Que maravilloso fuera que los hijos jamás perdieran la admiración por sus papás, que siempre los vieran como esos seres especiales a los que nunca se les puede faltar el respeto!

En la actualidad, tengo una hija y siempre trato de ser para ella su héroe, su orgullo, su modelo. Quiero que el día de mañana, cuando esté viviendo momentos de muchas tormentas en su vida y esté atravesando por turbulencias; vea en mí su apoyo, encuentre en mí, esa mano protectora que le dará fuerza y no la dejará caer en el desespero.

Espero que mi niña vea en mí, ese papá que estará a su lado para tenderle mi brazo... tal como protegió mi amigo a su hijo en su regazo.

3. SÉ FIEL A TI MISMO.

Siempre he procurado como padre de familia, infundirle valores a mi hija, en eso mi esposa y yo, hemos tratado de ser lo más coherentes, dentro de lo que se puede. Hemos fijado en casa una serie de reglas firmes que nos ayuden a estar unidos como familia, pues creemos que este es un aspecto fundamental que se ha deteriorado considerablemente en la sociedad de hoy.

Una de esas reglas claras y precisas que hemos establecido y, que en lo posible, tratamos de hacer cumplir, empezando por nosotros como adultos, es apagar la televisión mientras estamos compartiendo los alimentos en el comedor. Esta se ha convertido en una norma familiar "NO NEGOCIABLE", que mi hija, desde muy temprana edad, ha asimilado perfectamente sin ningún problema.

Explico esto con detalle para que entiendan el contexto y puedan comprender así, el valor de una anécdota que se convirtió en una profunda enseñanza de una pequeña hija a su padre.

- Era el día 13 de Marzo del 2013, una fecha histórica para todos los Católicos del mundo, pues por primera vez en la Historia de la Iglesia Romana, era elegido un Papa de origen Latino, -Jorge Mario Bergoglio, convertido en Papa Francisco- Esta noticia llenó de sorpresa y alegría a todos los que profesamos esta Fe. Sin duda, para mí, esto era algo muy impactante porque jamás me imaginé que uno de los "nuestros", un Hispano, pudiera llegar a ocupar la silla más importante del orbe.

Yo llegué del trabajo muy emocionado por la noticia, pues no sabía nada acerca del nuevo "Papa".

Como muchos, quería saber más de su trayectoria, de sus antecedentes como religioso, de sus cualidades y atributos como ser humano que lo hicieran merecedor de tan prestigioso cargo. Era tanto el deseo de saber quién era él, que llegué directamente a prender la televisión para centrarme en las noticias y reportajes que en todo el mundo se transmitía.

Después de saludar a mi esposa e hija, centré toda mi atención en ver la tele, le pedí a Julieta que me regalara algo de comer, no quería perder ningún detalle de todo lo que estaban informando.

Justo en ese momento, mi niña -en ese entonces de siete años de edad- toma el control del televisor y con un tono de voz seguro y firme, me dijo:

- "Papá, no estás cumpliendo la regla".

En ese instante, -les confieso- me dio mucho coraje y quise responderle con un tono de voz enérgico para que me devolviera el control. Me pareció una falta de respeto hacia mí, como su padre, lo que ella había hecho... la miré fijamente a los ojos, pero algo inmediatamente me llevó a ponerme los frenos. Ese algo fue esa voz interna que me puso a reflexionar sobre lo siguiente:

- Si le dices a la niña que está mal lo que hizo, la vas a confundir, porque ella está actuando conforme tú le enseñaste; está haciendo cumplir fielmente lo que "tú mismo" le dijiste que debía hacerse. Si la reprendes por esto, le estarías enviando un mensaje psicológico negativo, pues le estarías diciendo que "las reglas se pueden romper" y eso para un niño, no es positivo.

- Si no eres coherente con lo que dices, vas a perder credibilidad ante la niña, y esto hará que no vuelva a creer en ti...

INSPIRACIÓN

Esto es el peor error que un padre de familia puede hacer: perder la admiración y el sentido de autoridad ante sus hijos.

- Además, esta noticia la van a estar repitiendo más tarde, en otro horario, o lo puedes ver por internet...pero el que la niña vea que su papá también "cumple" la regla por encima de sus intereses personales, es un mensaje muy poderoso para ella porque va a afianzar el hecho de que su opinión también es tenida en cuenta y esto va a alimentar positivamente su auto-concepto.

- También, la está llevando a aprender que el encuentro familiar es más importante que cualquier otra diversión; que la unión y el diálogo en familia está por encima de todo...

Quiero decirles que esa noche, no sólo mi hija aprendió una gran lección, ella también me dio una gran enseñanza:

"SE SIEMPRE FIEL A TI MISMO,
a tus VALORES Y PRINCIPIOS.

4. DISFRUTA A TUS HIJOS HOY.

Esta historia me gusta mucho utilizarla en mis conferencias con los Padres de familia, porque algo que tengo muy claro, es que los hijos, tarde o temprano, se van a ir. Es la ley de la vida, ayer lo hicimos nosotros, mañana lo harán ellos. Lo que pasa es que muchos ven muy lejano este momento... pero ese es el punto: lo veamos distante o no, estemos preparados o no, esto algún día tendrá que suceder.

Y yo, la verdad, prefiero ver a los hijos lejos de sus padres; felices, realizados, luchando por sus ideales, buscando sus sueños en otros lares, que tenerlos en casa, insatisfechos, "acomodados", con miedo a asumir retos y responsabilidades en la vida. Sólo el tiempo nos dirá, a la hora de la verdad, qué era lo mejor para ellos, no para nosotros, su familia.

INSPIRACIÓN

Esta es una afirmación muy realista que todos debemos tener muy presente, aunque sé perfectamente que muchos padres no comparten esto conmigo, lo entiendo... Por esta razón, se me ocurrió esta fábula, para describir este momento que algunos no quieren afrontar:

- Cuenta la historia que hace tiempo, en un hermoso día de Octubre, algo muy curioso sucedió en el hogar de los Martínez. Ellos, Juan y María, estaban en su recámara listos para irse a dormir, era casi la media noche cuando escucharon que tocaban la puerta de su casa muy fuerte y con mucha premura, lo que produjo una gran incertidumbre entre ellos.

- ¿Quién podrá ser a esta hora? -dijo María-
- No lo sé, pero parece que es algo urgente. -contestó Juan-

Los dos acudieron pronto para ver quién era ese forastero que con tanta prisa llamaba, se quedaron completamente perplejos cuando vieron que era una hermosa mujer vestida de blanco, que en sus manos poseía un hermoso cofre cubierto en oro y metales preciosos. Nunca la habían visto.

- ¿Quién eres tú? -preguntó Juan-
- Discúlpenme que llegue a esta hora a incomodarlos -respondió ella-
- ¿Pero quién eres tú? De dónde vienes?
- Es que tengo bastante prisa y no puedo darles muchas explicaciones.
- ¿Qué quieres a esta hora? -dijo María-
- Es urgente, me tengo que ir rápido... sólo quiero pedirles un gran favor...
- ¿De qué se trata? -dijo Juan-

Y dándole el cofre a ella le dijo:
- Quiero que me prometan los dos, que van a cuidar de este tesoro **COMO SI FUERA DE USTEDES**, lo van a proteger de todos los peligros. No lo descuiden, por favor...

INSPIRACIÓN

- Muchos van a querer quitárselo, intentarán arrebatárselo de sus manos, pero de ustedes dos, de su amor y dedicación, va a depender si eso sucede, o no.

- Ustedes son los únicos que pueden cuidar de esta joya, no hay nadie más que lo haga mejor. Ningún dinero en el mundo puede comprar lo que vale esto que hoy les estoy dando. La recompensa por cumplir fielmente lo que les estoy pidiendo será una inmensa felicidad que van a sentir ambos por el resto de sus vidas.

- Pero ¿quién eres tú? -repuso María-
- Eso ahora no importa, lo único que quiero que me digan es si aceptan o no, lo que les estoy pidiendo.

Los dos se miraron a los ojos con algo de temor, pues no estaban preparados para asumir esta gran responsabilidad, pero al final lo aceptaron, y aunque se sentían atemorizados, las palabras de la bella mujer, los fortaleció:

Ferney Ramirez

- No se preocupen, todo saldrá bien... ustedes son las personas perfectas para esta importante misión; por eso, vine a tocarles a la puerta -y sin decir nada más, la mujer desapareció.

María y Juan, se quedaron felices con ese hermoso cofre; en verdad, era un hermoso tesoro, en ningún lugar del mundo iban a encontrar algo igual. Felices, lo presumían a sus amigos y familiares, se sentían orgullosos de ser los elegidos para tal responsabilidad.

Y así fue pasando el tiempo. Cada vez más, se sentían felices y satisfechos por todas las alegrías que el tener ese tesoro traía consigo, se sentían la familia más bendecida del mundo; todo su tiempo y esfuerzo giraba en cuidar de ese gran compromiso que habían hecho con aquella hermosa señora.

Dieciocho años más tarde...

INSPIRACIÓN

Estaban en la sala juntos disfrutando de una hermosa noche de verano, cuando de repente escucharon un golpe fuerte en la puerta, era un poco insistente, así que recurrieron a ver de quién se trataba. Tremenda sorpresa se llevaron cuando abrieron, era exactamente la mujer, que años atrás había llegado a golpear de la misma forma a su casa. Se quedaron completamente perplejos, como en aquella noche.

- ¿Me recuerdan? -su aspecto no era igual-
- La verdad, no mucho, -respondió María, Juan estaba callado-
- Hace dieciocho años, vine a esta misma puerta a pedirles un gran favor. ¡Cómo pasó el tiempo de rápido!
- Sí, recuerdo... ¿y ahora qué quieres?, -repuso ella-.
- Vengo por lo que me pertenece.
- Pero no es justo, nosotros lo cuidamos, lo amamos, le dimos todo nuestro ser, es nuestra felicidad.

Ferney Ramirez

- Ese tesoro es de nosotros, es lo que más amamos, -dijo Juan llorando-
- No podemos vivir sin él, -lloraba María-
- Yo les dije que lo cuidaran COMO SI FUERA DE USTEDES, pero nunca les dije que era para ustedes... Ese fue el trato.
- Por favor, déjenoslo por más tiempo, unos años más.
- No señora, ese tesoro es mío, lo necesito.
- No te lo lleves, por favor, quiero tenerlo para siempre. -Gritaba María-
- ¿Quién eres, que te das el derecho de venir a quitarnos lo que más amamos? -preguntó Juan-
- Yo soy... LA VIDA.

Esa hermosa señora vestida de blanco que hace muchos años golpeó en la puerta de nuestros hogares, es la Vida... y ese hermoso tesoro que nos dio a cuidar, se llama: HIJO.

INSPIRACIÓN

Así es la vida, nos los presta para que los tengamos por unos años pero luego tenemos que regresárselos, nos guste o no, ese fue el trato. Porque los Hijos son prestados, no son nuestros.

Por eso, disfrutémoslos hoy que los tenemos porque mañana ya no estarán a nuestro lado, se tendrán que ir a cumplir sus sueños, luchar por sus metas e ideales y nosotros no tenemos por qué detenerlos. El día que entendamos esto, los vamos a preparar para la vida, para el éxito, porque sólo existen triunfadores y fracasados. De la formación que les demos en casa, va a depender, en gran parte, cuál de ellos, deciden ser.

Para todos los que somos padres de familia, el tiempo es nuestro principal enemigo, porque cada día que pasa nos arrebata de nuestras manos, lo que más amamos.

Ferney Ramirez

Esto lo vemos muy claramente cuando empiezan a crecer, pues de pequeños querían estar siempre cerca a sus papás, se sentían felices y protegidos cuando al salir de la escuela nos veían ahí esperándolos... ahora que han crecido, no quieren que les hablemos, les da pena con sus amigos que los besemos o estemos pendientes de ellos... Lo peor de todo, es que esto se acrecienta a medida que pasa el tiempo.

Desde esta perspectiva, mi consejo es:

"No dejes para mañana,
lo que puedes hacer con tus hijos hoy"

5. NO TE APRESURES, TODO A SU TIEMPO.

Esto me sucedió cuando iniciaba mis estudios de psicología. Dentro de mis compañeros de clase, había una chica que me encantaba, era muy guapa, su forma de ser era agradable e inteligente, y esto es lo que más me llama la atención de una mujer. Nos hicimos buenos amigos, hablábamos con frecuencia, yo sé que también le gustaba y no es que sea presumido, lo que pasa es que una mujer se siente atraída por un hombre, cuando este la respeta y la hace sentir importante -que era justo lo que yo hacía para impresionarla.

Cada día, nos acercábamos más, pero yo no me atrevía a decirle nada aún porque me parecía muy prematuro, quería iniciar primero una linda amistad y dejar que las cosas se fueran dando, poco a poco.

Además, algo que tenía muy claro era que el estudio, terminar mi carrera de psicólogo, en ese momento, era mi única prioridad. Sin embargo, no podía dejar de admirar aquella hermosa joven que, cada vez más, me fascinaba.

En cierto momento, el acercamiento se hizo más claro, ella formaba parte de nuestro grupo de trabajo, hicimos equipo para estudiar y compartir responsabilidades de la universidad, lo que me encantó más, porque veía en ella, una chica brillante con muchas ganas de superarse y hacer la diferencia en su vida.

Eso nos conectó fuertemente, porque en eso coincidíamos mucho, ambos queríamos superarnos... pero aún así, ninguno de los dos tomaba la iniciativa para hablar de algo más personal; de alguna manera, nos evadíamos cuando nos sentíamos más juntos.

INSPIRACIÓN

Pocos meses después, al grupo también se unió un joven llamado Eduardo, muy inteligente y apuesto a la vez, era un líder con una gran capacidad de oratoria, tanto que me sentía opacado por sus atributos.

Empecé a ver que ella, lentamente, se sentía atraída por él, no podía evitar ver cómo ellos dos se conectaron de inmediato y aunque me sentí un poco mal conmigo mismo, mi excusa seguía siendo la misma: "yo vine a la universidad a estudiar, no a conseguir novia".

Obviamente, como hombre mi ego se lastimó, me sentí desplazado, y aunque nunca hubo nada formal y serio entre los dos, sentí celos, no podía evitar esa sensación de inferioridad, más latente aún, cuando algunos compañeros se burlaban de mí, diciéndome: "se te adelantaron Ferney", "La perdiste por no haber hablado antes"… y comentarios por el estilo que me hacían sentir incómodo y frustrado.

El tiempo pasó, y cada uno siguió su rumbo, al fin y al cabo, mi propósito era muy claro y eso no estaba dispuesto a negociarlo, porque algo que siempre había tenido muy presente en mi vida, era terminar mis estudios de psicología.

Al iniciar el segundo año de la carrera, me di cuenta que Liliana -ese era su nombre- no había regresado a la Universidad y a Eduardo ya lo veía muy poco; de hecho, se atrasó en los estudios, perdió algunas materias porque ya casi no tenía tiempo para asistir a clases.

A los pocos días me enteré que estaba en embarazo y que ese era el motivo por el cual había tenido que abandonar la escuela. Me dio mucha pena por ella, porque yo sabía de sus sueños, de lo que quería hacer después de terminar la carrera, del consultorio que quería tener, en fin.

Supe también que los dos se habían ido a vivir juntos, no sé si por verdadero amor o porque él o ella se sentían obligados a estar juntos para darle una familia a su futuro hijo... sentí tristeza porque ambos hubiesen sido excelentes psicólogos, de eso estoy seguro. Días después, Eduardo no volvió a la universidad y desde entonces, no los volví a ver.

El tiempo pasó, y algunos años después, terminé mi carrera y me gradué como psicólogo. Gracias a Dios, encontré un excelente trabajo, me casé con una gran mujer y para entonces, vivía en un lugar muy exclusivo en la capital. -Bogotá-

Cierto día, llevé una ropa a la lavandería que quedaba cerca a mi casa; al llegar, una gran sorpresa me encontré: las personas que atendían el lugar, eran Liliana y Eduardo, los compañeros de universidad que años atrás también habían tenido el mismo sueño que yo había hecho realidad.

Ellos no me vieron, pero yo me quedé en la distancia observando cómo atendían a la gente, los vi fatigados, con mucho estrés, pero lo que más me impactó fueron sus miradas; sobretodo, el rostro de Él.

Pude percibir que esa no era la vida que él quería vivir, en su expresión facial percibí cansancio, inconformidad, quizás mucha frustración. Lo mismo vi en ella, ya no era el rostro de aquella joven guapa y llena de vitalidad que tenía sueños por cumplir.

Me impresionó demasiado este episodio porque esa pudo ser mi vida, mi destino, ese chico que estaba ahí parado atendiendo ese negocio, pude ser yo. Ahí fue donde comprendí que todo tiene su hora y que no es necesario apresurar las cosas porque todo llega a su tiempo, sólo es cuestión de saber esperar.

Ese día alcé mis ojos al cielo y dije: ¡Gracias a Dios… Eduardo se me adelantó!

6. TODO TIENE UNA EXPLICACIÒN.

Esta anécdota la utilizo con frecuencia cuando hablo de cómo afrontar conflictos, porque siempre he pensado que para tener objetividad; es decir, para no dejarnos llevar por las emociones, la frustración, el enojo, etc. Es necesario, analizar un poco, conocer el por qué o cuáles son las razones que nos llevan a actuar de cierto modo, o simplemente, ahondar en el por qué suceden las cosas.

Cuando una persona está enojada por lo general, tiende a reaccionar y no a razonar y son en esos momentos de reacción, cuando dañamos a los otros, pues decimos palabras que después nos arrepentimos porque herimos, algunas veces, sin darnos cuenta.

Por esta razón, es importante desarrollar esa capacidad de detener por un instante el pensamiento y poder tener dominio de nosotros mismos. Esta es la única manera de poder controlar el entorno: cuando primero nos ponemos los frenos antes de reaccionar de una forma equivocada. Porque estoy completamente seguro, que todo tiene una razón de ser, una relación causa-efecto.

Para hacer más comprensible esto que les estoy mencionando, voy a compartir con ustedes una experiencia que viví con mi esposa:

- Hace tres años, aproximadamente, mi padre falleció, un fulminante paro cardiaco, en menos de cinco minutos le arrebató la vida. Esto generó mucho desconcierto porque él se veía una persona muy joven y saludable; de hecho, siempre tuvo una vida muy sana, y esto fue lo que más nos impactó.

INSPIRACIÓN

Para esos días, después de haber pasado por esta pesadilla, mi esposa y yo salimos a cenar, usualmente hacemos esto para no perder ese momento mágico que siempre debe existir en todas las parejas, por encima de cualquier adversidad que la vida nos presente.

Cuando llegamos al restaurante y nos sentamos, de inmediato la chica que nos iba a atender, se acercó y nos preguntó:

- ¿Qué desean beber?
- Una coca-cola, -fue mi respuesta-
- No, no tomes eso, pide mejor un vaso con agua. -repuso mi esposa. La mesera me miró sorprendida y en su mirada percibí que no sabía a quién obedecer-
- ¿Le traigo agua señor? -Preguntó-
- Sí, por favor.
- ¿Y la señora qué desea?
- Un té sin azúcar, por favor.
- Enseguida les traigo las bebidas. -y se fue-

Les confieso que me sentí muy mal, me incomodó mucho su respuesta; sobre todo, porque me hizo ver ante la mesera como un hombre sin personalidad que era manejado por su mujer. Eso fue lo que me imagino, la joven también pensó.

A pesar de mi malestar, era muy claro para mí, que hacerle algún reproche o berrinche delante de ella, no era la forma correcta de manejar la situación. Así que en ese instante, preferí quedarme callado y esperar a que fuera por las bebidas, me parecía más sensato y era lo correcto, lo que tenía que hacer.

- ¿Por qué lo hiciste? Me sentí bien avergonzado. -le expresé-
- Es que no quiero que tomes tanta coca-cola, te hace mal.
- Sí, pero no era para que respondieras así.
- No quiero quedarme sola y que mi hija se quede sin su papá, ya viste lo que pasó con…-unas lágrimas rodaron por su mejilla-

- No quiero quedarme viuda tan joven, te necesito, todos los días le pido a Dios para que estés mucho tiempo con nosotras.

En ese instante me paré de mi silla y le di un fuerte abrazo.
- No te preocupes, te entiendo. -Y juntos lloramos-
- Tengo miedo que a ti te pase lo mismo de tu papá.

Esa noche pude comprender que cuando escuchamos atentamente las razones del otro, podemos hallar claramente las explicaciones de lo que nos hace enojar. Si tuviéramos esta actitud en todo momento, estoy seguro que la relación con la pareja o los hijos, sería muy diferente.

"En la forma de hablar está la forma de ser escuchados". Pon en práctica esta verdad en tu vida y vas a descubrir claramente que,
¡Todo tiene una Explicación!

7. HAZ LA DIFERENCIA ANTE LOS DEMÁS.

Esta reflexión es una bella invitación a no limitarnos a nosotros mismos, a dar siempre lo mejor por convicción y no por obligación. Mucha gente vive así... trabajan por un cheque, cumpliendo horarios y se limitan a hacer lo que les toca, pero no tienen la iniciativa para hacer de su vida o trabajo, algo diferente, que les enriquezca como personas o profesionales. Incluso, cuando se les pide que hagan un esfuerzo extra, generan un conflicto con ellos mismos y su entorno.

Sin pensar, que es justo esa milla extra lo que los demás valoran y aprecian porque cuando un individuo convierte su trabajo en una pasión, eso se nota, se percibe y es esta actitud la que hace la gran diferencia entre los triunfadores y la gente del "montón".

INSPIRACIÓN

Por lo general, la gente que tiene éxito, son aquellos que hacen la diferencia en sus vidas, son personas con una actitud de dar mucho más de lo que les corresponde, disfrutan su trabajo, ponen dinamismo y creatividad a su qué hacer cotidiano. Éstos son los que los empresarios de hoy buscan, porque de conformistas y "mediocres", ya están llenas las compañías.

La sociedad moderna requiere de líderes con una mentalidad positiva, -haga lo que haga, viva donde viva- que genere cambios para bien, para transformar el mundo y la realidad. Por eso, este relato, que a continuación te voy a compartir, siempre que lo leo me inspira a dar lo mejor de mí. No me importa, muchas veces, si no hay un pago monetario, la principal remuneración, es sentir que a través de mi trabajo, puedo ayudar a cambiar vidas y eso, es una gran satisfacción que el dinero jamás me dará.

- Juan trabajaba en una empresa hacía varios años, era muy serio, dedicado y cumplidor de sus obligaciones. Por lo general, llegaba puntual y estaba orgulloso de no haber recibido nunca ninguna queja o amonestación por su trabajo.

Cierto día, buscó al gerente para hacerle un reclamo, pues se sentía un poco frustrado por la manera cómo la compañía había manejado el ascenso de un compañero.

- Señor, -dijo juan- trabajo en la empresa hace cinco años con bastante esmero y estoy a gusto con mi puesto, pero siento que he sido dejado de lado. Mire, Fernando ingresó a un puesto igual al mío hace sólo seis meses y ya ha sido promovido a supervisor.

- ¡Ajá! -contestó el gerente. Y mostrando cierta preocupación le dijo-:
- Mientras resolvemos esto quisiera pedirte que me ayudes con un problema que tengo.

INSPIRACIÓN

Quiero dar fruta para el almuerzo de trabajo que tenemos hoy. Por favor, averigua si en la tienda de enfrente tienen frutas frescas.

Juan se esmeró en cumplir con el encargo y a los cinco minutos estaba de regreso.

- Bien, ¿qué averiguaste?
- Señor, tienen naranjas para la venta.
- ¿Y cuánto cuestan?
- ¡Ah! No pregunté!
- Bien. ¿Viste si tenían suficientes naranjas para todo el personal?
- Tampoco pregunté eso.
- ¿Hay alguna fruta que pueda sustituir la naranja?
- No lo sé, señor, pero creo que...
- Bueno, siéntate un momento.

El gerente cogió el teléfono e hizo llamar a Fernando. Cuando se presentó, le dio las mismas instrucciones que a Juan, y en diez minutos estaba de vuelta.

El gerente le preguntó:
- Bien, Fernando, ¿qué noticias me traes?

- Señor, tienen naranjas, las suficientes para atender a todo el personal, y si prefiere, tienen bananos, papayas, melones y mangos. La naranja está a 1,50 pesos el kilo; el banano, a 1,20 pesos; el mango, a 90 centavos el kilo; la papaya y el melón, a 2,80 pesos el kilo. Me dicen que si la compra es por cantidades, nos darán un descuento del diez por ciento. Dejé separadas las naranjas, pero si usted escoge otra fruta debo regresar para confirmar el pedido.

- Muchas gracias, Fernando, te puedes ir.

Entonces se dirigió a Juan, que aún seguía allí:
- Juan, ¿qué me decías?
- Nada, señor, todo está muy claro, permiso.

INSPIRACIÓN

Los triunfos se ganan, nadie te los regala; por eso, la vida te pone en el lugar que tú has decidido o querido estar. Sin duda alguna, tú eres el resultado de tus esfuerzos y decisiones. No existe la suerte, existe el sacrificio, el deseo de superarse y ser mejor cada día. El éxito no es cosa del azar, no… es el fruto de muchas horas de trabajo y dedicación.

El no tener "suerte" es la típica disculpa de la gente que pone como pretexto las circunstancias de la vida para justificar sus fracasos. En el camino al éxito no hay excusas, simplemente, los errores son el requisito indispensable para llegar algún día a lo que queremos.

Esta forma de pensar, es la que hace la gran diferencia entre los "ganadores" y los "perdedores"

Extraído del libro "La culpa es de la vaca" Dr. Camilo Cruz.

8. NO LE TENGAS MIEDO A LAS CRÍTICAS.

Yo creo que el error más grande que tú puedes hacer es tratar de complacer a todo el mundo, sufrir por el que dirán, o darle demasiada importancia a lo que los demás piensen de ti. Ciertamente, los comentarios o sugerencias con amor y respeto deben tenerse presentes para hacer cambios y mejorar en la vida, pero de ahí, a pasar a sufrir porque otros no les "gusta" o les molesta lo que haces, es algo que debes de evaluar.

Hagas lo que hagas, digas lo que digas, pienses como pienses, siempre habrá gente que estará de acuerdo contigo y gente que no. Eso para mí, es completamente normal. El conflicto se produce, cuando buscas "agradar"; ser "aceptado" y "reconocido" positivamente por todos y sufres cuando no lo logras.

Aquí es cuando se crea una problemática porque el precio por lograr esto, muchas veces, es dejar de expresar lo que sientes; sólo, por no generar controversia y evitar así el rechazo o la crítica negativa de los que están alrededor. Esta forma de actuar es un absurdo porque entre más vivas en función del otro, más insatisfecho vas a estar contigo mismo.

Nunca olvides esto: "entre más éxito tengas, más enemigos vas a ganar". Por lo tanto, la valoración negativa que hagan de ti, la debes convertir en el combustible que te dará la fuerza para seguir tu camino hacia la cima, a donde sólo llegan los mejores.

Esta narración me encanta porque muestra claramente cómo sin darte cuenta, vas a ser el centro de críticas, injurias, malas interpretaciones o falsas apreciaciones; así es la vida, lo único que tienes que hacer para enfrentar estas situaciones incómodas, es llenarte de mucha seguridad emocional y estar bien convencido de lo que quieres; con estas dos armas, de seguro, nada ni nadie, te afectará.

- Había una vez un matrimonio con un hijo de doce años y un burro. Un día, decidieron viajar, trabajar y conocer el mundo. Así, que se fueron los tres con su burro.

Al pasar por el primer pueblo, la gente comentaba:
- "Mira ese chico mal educado; él arriba del burro y los pobres padres, ya grandes, llevándolo de las riendas".
Entonces, la mujer le dijo a su esposo:
- No permitamos que la gente hable mal de nuestro hijo.
El esposo lo bajó y se subió él.

Al llegar al segundo pueblo, la gente murmuraba:
- "Mira qué sinvergüenza ese tipo; deja que la criatura y la pobre mujer tiren del burro, mientras él va muy cómodo encima".

INSPIRACIÓN

Entonces, tomaron la decisión de subirla a ella al burro, mientras padre e hijo tiraban de las riendas.
Al pasar por el tercer pueblo, la gente susurraba:
- "Pobre hombre, bien cansado después de trabajar todo el día y ahora debe llevar a la mujer sobre el burro... ¡y pobre del hijo, qué le espera con esa madre tan insensible!"

Se pusieron de acuerdo y decidieron subirse los tres al burro para continuar su peregrinaje.

Al llegar al pueblo siguiente, escucharon que los pobladores decían:
- "Son unas bestias, más bestias que el burro que los lleva... ¡van a partirle la columna a ese pobre animalito!"

Por último, decidieron bajarse los tres y caminar junto al burro. Pero al pasar por el pueblo siguiente no podían creer lo que las voces decían refiriéndose a ellos:

Ferney Ramirez

- "Mira a esos tres idiotas: caminan, cuando tienen un burro que podría llevarlos".

Conclusión:
Siempre te criticarán, hablarán mal de ti y será difícil que encuentres que tus actitudes conforten a todos...

Por eso,
¡Vive como creas que debes hacerlo!
¡Haz lo que te dicte el corazón y el pensamiento!
¡Haz lo que sientas que es lo correcto!
La vida es una obra de teatro que no permite ensayos.
¡Actúa con la verdad!
Haz lo que te parezca, igual para algunos siempre va a estar mal.
Pero nunca, nunca…

¡Hagas cosas para agradar a los demás!

9. NUNCA PIENSES QUE NO PUEDES.

Esta hermosa historia que a continuación les voy a compartir, la veo muy palpable en mucha gente que me dice: es que "yo soy así" y "nunca voy a cambiar" o "así nací y así voy a morir"...

Personas que justifican sus equivocaciones o miedos a asumir riesgos en la vida porque alguien les hizo creer en algún momento que no podían; o peor aún, les convencieron para que se metieran en su cabeza que por más que lucharan, no iban a conseguir lo que querían; porque, según ellos, el éxito es sólo para los que tienen "suerte".

Desafortunadamente, esta forma de pensar derrotista, con esa visión negativa de la vida nos convierte en esclavos de nosotros mismos; de nuestros miedos, de esas falsas creencias y erróneas formas de interpretar y valorar a los demás.

Ferney Ramirez

De igual modo, esa actitud mental pobre nos encadena a formas limitadas de ver la realidad, lo que nos impide abrirnos a otras expectativas y experiencias de aprendizaje, llevándonos así, al conformismo y la mediocridad.

- Cuando yo era chico me encantaban los circos, y lo que más me gustaba de éstos, eran los animales. También a mí, como a otros, el animal que más me llamaba la atención era el elefante. Durante la función, la enorme bestia hacía despliegue de su tamaño, gran peso y fuerza descomunal... pero después de su actuación y hasta un rato antes de volver al escenario, el elefante quedaba sujeto solamente por una cadena que aprisionaba una de sus patas clavada a una pequeña estaca enterrada en el suelo. Sin embargo, la estaca era sólo un minúsculo pedazo de madera sumergida apenas unos pocos centímetros en la tierra.

INSPIRACIÓN

Y aunque la cadena era gruesa y poderosa me parecía obvio que ese animal capaz de tumbar un árbol con su propia fuerza, podría, con facilidad, arrancar la estaca y huir.

La pregunta entonces era evidente: ¿Por qué permanecía quieto? ¿Por qué no huía o utilizaba su fuerza para liberarse?

Cuando tenía seis años yo todavía creía en la sabiduría de los grandes, así que pregunté a varios adultos por el misterio del elefante: al maestro, al padre, a mi tío. Alguno de ellos me explicó que este animal no se escapaba porque estaba amaestrado. Hice entonces la pregunta lógica:

-Si está amaestrado, por qué lo encadenan? No recuerdo haber recibido de él ninguna respuesta coherente.

Con el tiempo me olvidé de la pregunta del cuadrupedo y sólo lo recordaba cuando me encontraba con otros que también se habían hecho la misma pregunta. Hace algunos años descubrí -por suerte para mí- que alguien había sido lo suficiente sabio como para encontrar la respuesta:

El elefante del circo no se escapa porque ha estado atado a una estaca parecida desde muy, muy pequeño. Cerré los ojos y me imaginé al pequeño recién nacido amarrado al pedazo de madera. Estoy seguro de que en aquel momento el elefantito empujó, tiró y sudó, tratando de soltarse. Y a pesar de todo su esfuerzo, no pudo. La estaca era ciertamente muy fuerte para él. Juraría que se durmió agotado y que al día siguiente volvió a intentarlo, y también al otro y al que le seguía... Hasta que un día, un terrible día para su historia, el animal aceptó su impotencia y se resignó a su destino.

Entonces, este elefante enorme y poderoso, que vemos en el circo, no se escapa porque hace tiempo llegó a una triste conclusión:

> "POR MÁS QUE LO INTENTE,
> POR MÁS QUE LUCHE
> Y HAGA EL ESFUERZO DE ROMPER ESTA ESTACA,
> JAMÁS LO PODRÉ HACER...
> NUNCA PODRÉ LIBERARME"

Desde entonces, este pobre animal cree que *NO PUEDE*. Él tiene registro y recuerdo de aquella impotencia que sintió poco después de nacer. Y lo peor, es que jamás ha vuelto a cuestionar seriamente esta creencia. Nunca ha intentado poner a prueba su fuerza otra vez para ver si las cosas han cambiado, o por lo menos, si ahora lo puede lograr. Se acostumbró a ser una VÍCTIMA de sí mismo, de su manera de pensar.

Exactamente, esto mismo le pasa a muchos seres humanos, se acostumbraron a creer que sus limitaciones hacen parte de su vida y que son justo estas, la causa de sus fracasos y frustraciones.

Sin pensar tan si quiera en la posibilidad de que sus dificultades las pueden convertir en oportunidades… pues conozco ciegos que tocan piano, guitarra, cantan y tienen éxito, porque aunque no pueden ver, tienen visión. Y para triunfar en la vida, lo primero que hay que tener es VISIÓN, saber claramente hacia dónde queremos ir y en dónde es que deseamos estar el día de mañana.

La inseguridad, el temor al fracaso, el miedo a perderlo todo, son "estacas" muy fuertes que están enterradas en lo más profundo de las mentes de muchas personas; por eso, ni lo intentan, ni lo arriesgan… y si no lo arriesgan, jamás obtendrán nada, pues el éxito es el resultado de un riesgo que sólo algunos se han atrevido a hacer.

El éxito es el producto de haber fracasado muchas veces, y este es justo el precio que muchos no quieren apostar, porque es más fácil y cómodo "lo "seguro", "lo estable", lo que "ya tenemos".

INSPIRACIÓN

Además, "para qué buscar lo que no se nos ha perdido" Al fin y al cabo, "nada se pierde, cuando nada se arriesga"; esta es la forma de pensar de mucha gente.

Por esta razón, el Éxito es de muy pocos... precisamente, de aquellos que logran desenterrar de su mente las estacas que lo encadenan a "vivir siempre lo mismo"; de aquellos seres grandiosos que han llegado a esta conclusión:

"YO... SI PUEDO"

10. VALÓRATE... TAL COMO ERES.

Con frecuencia algunos padres de familia me comentan que sus hijos están viviendo una depresión, que son chicos aislados o que no quieren hacer nada y, dicen que no saben cómo hablarles y motivarlos para que vean la vida con positivismo. A ellos, les suelo sugerir que en vez de fastidiarlos con preguntas... ¿qué te pasa? ¿Por qué no me cuentas? ¡Yo soy tu madre, confía en mí! Etc. Busquen otras formas de saberles llegar, pues con los jóvenes, no es tanto lo "que les digas", sino el "cómo se los digas" lo que realmente funciona.

En muchos casos, no es que estén deprimidos, lo que pasa es que, a lo mejor, tienen problemas de autoestima, se sienten inseguros, poseen una valoración muy pobre de sí mismos o puede ser también que se sienten menos que los demás...

INSPIRACIÓN

Quizás, están pasando por alguna crisis de identidad, normal a esta edad, y por eso, necesitan aprobación y aceptación, no tanto de los padres, sino de sus amigos.

Y es aquí donde esta hermosa historia cobra un valor increíble para compartirlo con los hijos o cualquier adolescente que esté pasando por esta difícil situación.

Un joven acudió a un sabio en busca de ayuda.

- Vengo, maestro, porque me siento tan poca cosa que no tengo fuerzas para luchar. Me dicen que no sirvo para nada, que no hago nada bien, que soy torpe y bastante tonto. ¿Cómo puedo mejorar maestro? ¿Qué puedo hacer para que me valoren más?

El maestro, sin mirarlo, le dijo:

- ¡Cuánto lo siento muchacho, no puedo ayudarte, debo resolver primero mis propios problemas. A lo mejor después... Ahora, si quisieras ayudarme tú a mí, yo podría resolver esta dificultad con más rapidez y después, tal vez, yo te pueda ayudar.

- ¡E... encantado, maestro! -titubeó el joven pero sintió que otra vez era desvalorizado y sus necesidades postergadas-

- Bien -asintió el maestro-. Se quitó un anillo que llevaba en el dedo pequeño de la mano izquierda y dándoselo al muchacho agregó:
- Toma el caballo que está allí afuera y cabalga hasta el mercado. Debo vender este anillo para pagar una deuda. Es necesario que obtengas por él la mayor suma posible, pero no aceptes menos de una moneda de oro. Vete y regresa con esa moneda lo más rápido que puedas.

El joven tomó el anillo y partió. Apenas llegó, empezó a ofrecer el anillo a los mercaderes.

INSPIRACIÓN

Éstos lo miraban con algún interés hasta que el joven decía lo que pretendía por el anillo. Cuando pedía una moneda de oro, algunos reían, otros daban vuelta y se iban... sólo un viejito fue tan amable como para tomarse la molestia de explicarle que una moneda de oro era muy valiosa para entregarla a cambio de un anillo.

En afán de ayudar, alguien le ofreció una moneda de plata y un jarrón de cobre, pero el chico tenía instrucciones de no aceptar menos de una moneda de oro, así que rechazó la oferta.

Después de ofrecer su joya a toda persona que se cruzaba en el mercado -más de cien personas- Abatido por su fracaso, montó su caballo y regresó.

¡Cuánto hubiese deseado el chico tener él mismo esa moneda de oro! Podría habérsela entregado al maestro para liberarlo de su preocupación y recibir entonces su consejo y ayuda.

- Maestro -dijo- lo siento, no fue posible conseguir lo que me pediste. Quizás pudiera obtener dos o tres monedas de plata, pero no creo que yo pueda engañar a nadie respecto al verdadero valor del anillo.

- ¡Qué importante lo que dijiste, muchacho! -contestó sonriente el maestro-. Debemos saber primero el verdadero valor del anillo. Vuelve a montar el caballo y vete donde el joyero. ¿Quién mejor que él para saberlo? Dile que quiero vender el anillo y pregúntale cuánto daría por él. Pero no importa lo que te ofrezca, no lo vendas. Vuelve aquí con mi anillo.

El joven volvió a cabalgar... El joyero examinó el anillo a la luz del candil, lo miró con su lupa, lo pesó y luego le dijo:

- Dile al maestro, muchacho, que si lo quiere vender ya, no puedo darle más que cincuenta monedas de oro por su anillo.

- ¿Cincuenta monedas? -exclamó el joven-.

INSPIRACIÓN

- Sí, -replicó el joyero-. Yo sé que con el tiempo podríamos obtener por él cerca de setenta monedas, pero no sé... ¡Si la venta es urgente!...

El joven corrió emocionado a casa del maestro a contarle lo sucedido.

- Siéntate -dijo el maestro después de escucharlo-. Tú eres como este anillo: una joya única y valiosa. Y como tal, sólo puede evaluarte verdaderamente un experto. ¿Qué haces por la vida pretendiendo que cualquiera descubra tu verdadero valor? ¿Por qué andas mendigando aprobación, acaso son ellos más valiosos que tú? ¿Por qué les das tanta importancia a los demás?

Y diciendo esto, volvió a ponerse el anillo en el dedo pequeño de su mano izquierda.

- Tienes razón, maestro.

Nadie que no se valore a sí mismo podrá valorar jamás a sus semejantes. No es necesario que busques que te valoren, aprecien y admiren... con tal que te quieras y te valores, ya es suficiente. La principal valoración, es la que viene de tu interior, este es el secreto para aceptarte como eres, si esto no sucede en ti, siempre estarás buscando aprobación de los otros. Y el día que no te aprueben, sufrirás.

Este es el mensaje que debemos enfatizarle a los jóvenes, pues es en esta edad donde más estupideces y malas decisiones hacemos; simplemente, por querer...

¡Ser aceptados por los demás!

11. HAZ DE LAS DIFICULTADES, OPORTUNIDADES.

Esta historia me encanta porque refuerza lo que siempre he pensado de la vida; lo que para muchos puede ser un conflicto, para otros, esa misma situación puede convertirse en una oportunidad para crecer, triunfar y llegar al Éxito... todo es cuestión de Actitud, de mentalidad, de querer asumir retos y ver los problemas desde otra perspectiva más positiva.

Y lo digo, porque siempre que tenemos un problema, corremos el riesgo de caer en la tentación de transformarnos en "víctimas". ¿Por qué a mí? ¿Por qué todo lo malo me pasa a mí? ... ¿Por qué a otras personas que obran mal en la vida, a ellos si les va bien?

Ferney Ramirez

Reflexiones como estas o buscar culpables y justificaciones a nuestras desgracias, son sólo pensamientos y emociones derrotistas que nos hacen sentir impotentes ante la búsqueda de posibles soluciones.

Pero si entendemos que todo en la vida es "circunstancial"; es decir, que todo puede cambiar, nada es para siempre... ahí podríamos comprender entonces, que el fracaso o el éxito, también puede ser relativo. Todo depende de ti, de tu voluntad para convertirte en una víctima de ti mismo, o en un luchador que no se deja intimidar ante ningún obstáculo.

Sí, esa es la clave. Todo depende de ti, de tu tenacidad y fortaleza para enfrentar las adversidades. Pues un emprendedor, puede transformar un momento difícil de su vida, en una gran oportunidad... Oportunidad para darle un nuevo rumbo a su vida, a su destino, a su futuro.

La historia dice, que:

INSPIRACIÓN

- No había en el pueblo un oficio peor valorado y poco pago que el de ser portero de la cantina. Pero ¿qué otra cosa podría hacer aquel hombre? De hecho, nunca había aprendido a leer ni a escribir, no tenía ninguna otra actividad ni oficio.

En realidad, era su puesto porque su padre había sido portero de esa cantina y también antes, su abuelo. Durante décadas, la cantina se pasaba de padres a hijos, lo mismo sucedía con la portería.

Un día, el viejo propietario murió y se hizo cargo del establecimiento un joven con muchos proyectos, creativo y emprendedor. Este decidió modernizar el negocio y citó al personal para darles nuevas instrucciones.

Al portero, le dijo: A partir de hoy usted, además de estar en la puerta, me va a preparar una planilla semanal. Allí anotará la cantidad de personas que entran día por día.

Ferney Ramirez

A una de cada cinco, le preguntará cómo fueron atendidos y qué corregirían del lugar. Y una vez por semana, me presentará esa planilla con los comentarios que usted crea más importantes.

El hombre tembló, nunca le había faltado disposición al trabajo pero esta vez.....
- Me encantaría satisfacerlo, señor, pero yo... yo no sé leer ni escribir. -argumentó-

- ¡Ah! ¡Cuánto lo siento! Como usted comprenderá, yo no puedo pagar a otra persona para que haga esto y tampoco puedo esperar hasta que usted aprenda a escribir, por lo tanto...

- Pero señor, usted no me puede despedir, yo he trabajado aquí toda mi vida, también mi padre y mi abuelo...

No lo dejó terminar su intervención...

- Mire, yo comprendo, pero no puedo hacer nada por usted. Lógicamente le vamos a dar una indemnización, esto es, una cantidad de dinero suficiente para que tenga hasta que encuentre otro trabajo. Así que, lo siento. Que tenga suerte.

Y sin decir nada más, se dio vuelta y se fue.

El hombre sintió que el mundo se le derrumbaba. Nunca había pensado que podría llegar a encontrarse en esa situación. Llegó a su casa desmotivado, por primera vez estaba desocupado. ¿Qué voy a hacer?

Recordó que, a veces, en la cantina, cuando se rompía una mesa o se dañaba una pata de una silla, él, con un martillo y clavos se las ingeniaba para hacer un arreglo sencillo y provisorio. Pensó que esta podría ser una ocupación transitoria hasta que alguien le ofreciera un empleo.

Buscó por toda la casa las herramientas que necesitaba, sólo tenía unos clavos oxidados y una tenaza dañada. Tenía que comprar una caja de herramientas completa y para eso usaría una parte del dinero recibido.

En la esquina de su casa se enteró que en su pueblo no había ninguna ferretería, y que debía viajar dos días en mula para ir al pueblo más cercano a realizar la compra. ¿Qué más da?, no tengo otra opción pensó, y emprendió la marcha.

A su regreso, traía una hermosa y completa caja de herramientas. No había terminado de quitarse las botas cuando llamaron a la puerta de su casa. Era su vecino.

- Vengo a preguntarle si no tiene un martillo para prestarme.
- Mire, sí, lo acabo de comprar pero lo necesito para trabajar, como me quedé sin empleo...
- Bueno, pero yo se lo devolvería mañana bien temprano.
- Está bien.

A la mañana siguiente, como había prometido, el vecino tocó la puerta.
- Mire, yo todavía necesito el martillo. ¿Por qué no me lo vende?

INSPIRACIÓN

- No, yo lo necesito para trabajar y además, la ferretería está a dos días de mula.

- Hagamos un trato - dijo el vecino- Yo le pagaré a usted los dos días de ida y los dos de vuelta, más el precio del martillo, total usted está sin trabajar. ¿Qué le parece?

Realmente, esto le daba un trabajo por cuatro días...
- Acepto, está bien.

Volvió a montar su mula para ir a comprar nuevamente herramientas. Al regreso, otro vecino lo esperaba en la puerta de su casa.

- Hola, vecino. ¿Usted le vendió un martillo a nuestro amigo?
- Sí...
- Yo necesito unas herramientas, estoy dispuesto a pagarle sus cuatros días de viaje, y una pequeña ganancia por cada herramienta. Usted sabe, no todos podemos disponer de cuatro días para nuestras compras.

El ex-portero abrió su caja de herramientas y su vecino eligió varios artículos: una pinza, un destornillador, un martillo y un cincel. Le pagó y se fue.

"...No todos disponemos de cuatro días para compras", Esto se le quedó en la cabeza y entonces se le ocurrió una gran idea: ¡Si esto es cierto, mucha gente va a necesitar que viaje a traerles herramientas!

En el siguiente viaje decidió que arriesgaría un poco del dinero de la indemnización, trayendo más herramientas que las que había vendido. De paso, podría ahorrar algún tiempo de viajes.

La voz empezó a correrse por el vecindario y muchos quisieron evitarse el viaje. Una vez por semana, el ahora vendedor de herramientas viajaba y compraba lo que necesitaban sus clientes. Pronto entendió que si pudiera encontrar un lugar donde almacenar las herramientas, ganaría más dinero.

INSPIRACIÓN

Alquiló un galpón, luego le hizo una entrada más cómoda y algunas semanas después con una vidriera, el galpón se transformó en la primera ferretería del pueblo. Todos estaban contentos y compraban en su negocio. Ya no viajaba, de la ferretería del pueblo vecino le enviaban sus pedidos. Él era un buen cliente.

Con el tiempo, todos los compradores de pueblos pequeños más lejanos preferían comprar en su ferretería y ganar dos días de camino.

Un día se le ocurrió que su amigo, el tornero, podría fabricar para él las cabezas de los martillos. Y luego, ¿por qué no? Las tenazas... y las pinzas... y los cinceles. Y luego fueron los clavos y los tornillos. Para no hacer muy largo el cuento, sucedió que en diez años aquel hombre se transformó con honestidad y trabajo en un millonario fabricante de herramientas.

Se había convertido en el empresario más poderoso de la región; tan adinerado era, que en cierta ocasión, para la fecha del comienzo de las clases, decidió donar a su pueblo una escuela. Allí se enseñaría a los niños, además de lectoescritura, las artes y los oficios más prácticos de la época.

El intendente y el alcalde organizaron una gran fiesta de inauguración de la escuela y una importante cena de agasajo para su fundador; el alcalde le entregó las llaves de la ciudad, lo abrazó y le dijo:

- Es con gran orgullo y gratitud que le pedimos nos conceda el honor de poner su firma en la primera hoja del libro de actas de la nueva escuela.

- El honor sería para mí -dijo el hombre-. Creo que nada me gustaría más que firmar allí, pero yo no sé leer ni escribir. Yo soy analfabeto.

INSPIRACIÓN

- ¿Usted? -dijo el alcalde, que no podía creerlo- ¿Usted no sabe leer ni escribir? ¿Usted construyó un imperio industrial sin saber leer ni escribir? Estoy asombrado...

- Me pregunto... si toda su riqueza la ha hecho siendo analfabeto, ¿qué sería de su vida si usted hubiese sabido leer y escribir?

-Yo se lo puedo contestar -respondió el hombre con calma-. Si yo hubiera sabido leer y escribir...

...Sería el portero de una cantina.

12. ASUME TUS RESPONSABILIDADES.

Este relato lo utilizo en mis conferencias cuando los padres me dicen que sus hijos no obedecen y que se enojan cuando los mandan a limpiar su habitación. Para muchos, es un conflicto muy fuerte porque algunos de éstos chicos ya no los respetan como la autoridad que son. Esta realidad hace difícil la interacción con ellos; más aún, cuando éstos requieren de alguna corrección pero los adultos no saben cómo manejar la situación.

De hecho, hay padres que prefieren dejar que "hagan lo que quieran" y lo justifican diciendo que ya están grandes y es difícil "controlarlos". Actitud cómoda y facilista que complica la situación porque es justo en esta edad, cuando los chicos se empiezan a salir de control. El problema es que, nos guste o no, tenemos que corregirlos.

INSPIRACIÓN

Ante éstos sentimientos de impotencia que muchos adultos manifiestan, me gusta compartir esta historia, que aunque parece un poco fuerte, es la mejor manera de dar una lección a un hijo que quiere imponer su voluntad y vivir sin reglas.

Considero que con los jóvenes, el sentido de obediencia y respeto por la autoridad debe prevalecer y la forma más sensata de conseguirlo es aplicando consecuencias en casa. Con ellos, los castigos no funcionan, los hace más rebeldes y retadores y eso no es lo que buscamos... el objetivo aquí no es discutir con los hijos, el propósito principal es conscientizarlos para que asuman sus responsabilidades sin que nadie se los diga.

- Hace treinta años atrás, yo atravesaba por la difícil adolescencia, y como todo chico a esa edad, creía que lo sabía todo, que no necesitaba consejos ni orientación de mis padres; pues pensaba que el estar bien con mis amigos era suficiente.

Eran los años ochenta y aún no estábamos expuestos al internet ni a los celulares, pero sí vivíamos otro tipo de presiones, como el tener y vestir cierta ropa de marca.

Para aquel entonces, la marca adidas, no era tan conocida como lo es hoy, y mucho menos en el pueblo donde yo crecí. El tener unos tenis de esta marca, era un privilegio que muy pocos se podían dar. Pues bien, yo era uno de ellos, porque para esos días mi madrina, de regalo de cumpleaños, me había dado unos de éstos.

Un sábado en la mañana, -lo recuerdo como si fuera hoy- estaba en casa viendo televisión, mis primos me habían invitado al cine en las horas de la tarde, y estaba relajado esperando que el tiempo pasara para ese momento. En ese preciso instante, mi madre me habló:

- Hijo, ve y organiza tu habitación.
- Más tarde mamá, -le respondí-

INSPIRACIÓN

Estoy viendo un programa muy interesante.
- Hazlo ya. -replicó-
- ¿Pero cuál es la prisa? ¿No lo puedo hacer más tarde?
- ¿Lo haces tú, o lo hago yo?
- Pues hazlo tú, -fue mi respuesta-
- Si yo lo hago, no te va a gustar para nada como te lo voy a dejar.
- ¿Y qué vas a hacer pues? -pregunté con mucha curiosidad-
- Sólo te advierto.

Esperé por un momento para ver cuál iba a ser su reacción, pero al ver que se dirigió a la cocina y no me volvió a decir nada, yo continué viendo el programa que en ese momento llamaba toda mi atención. El tiempo pasó y se me olvidó por completo el mandato de mamá.

Como a eso de las dos de la tarde llegaron mis primos... ya estábamos listos para irnos al cine.

En ese momento me dirigí a la habitación a ponerme los tenis "adidas" que tanto me encantaban, los empecé a buscar por todos lados y sólo hallé un teni, faltaba el otro; buscaba y buscaba pero no lo encontraba, entonces pregunté:

- ¿Mamá, no has visto mi otro teni?
- ¿De qué me estás hablando? Yo no he visto nada.
- Pero tú limpiaste mi cuarto y debes saber dónde lo metiste. -lo hizo y no me fijé-
-¡La verdad hijo, no me acuerdo!
- ¿Pero cómo no te vas a acordar?
-respondí un poco molesto-

En esos momentos mi primo me empezó a acosar, se estaba haciendo tarde ya....

- Ferney, rápido que se nos hizo tarde, ¿vas a ir o no? no vamos a alcanzar boletos.
-situación que más molestia me causó-

- ¿Mamá, dime qué lo hiciste?, -alcé un poco mi tono de voz-
- Hijo, yo te advertí muy bien que no te iba a gustar para nada el cómo te iba a organizar tu habitación.
- Pero sólo dime ¿dónde lo pusiste?
- No me acuerdo.

En ese momento mis primos se fueron y me dejaron, no me quisieron esperar más, lo que generó más frustración y coraje... hasta me dieron ganas de llorar.

- Mamá, dime ¿dónde está el teni? -se lo pregunté llorando-
-Si tú hubieses arreglado tu habitación, tú sabrías dónde estarían tus cosas.
- No es justo lo que me hiciste.
- Esta es la última vez que discuto contigo para que seas responsable de tus cosas. Espero que hayas aprendido la lección... ahora, tienes que asumir las consecuencias de tus actos.

Ya han pasado más de treinta años y ya son varias las ocasiones donde le he hecho la misma pregunta a mi mamá…

- Madre, de veras, ¿qué hiciste ese teni que yo nunca volví a ver?
- ¿Quieres que te diga la verdad?
- Sí, por supuesto que sí.
- No me acuerdo.

Jamás en la vida, ella volvió a "batallar" conmigo para que yo fuera responsable de mis cosas. Ese día aprendí, que, "no es cuando yo quiera, es cuando se tienen que hacer las cosas". Porque soy yo el que me tengo que adaptar al mundo y no el mundo a mí.

Por eso, cuando me tocó enfrentar la vida por mí mismo, ya estaba preparado para hacerlo. Por esta razón, doy infinitas gracias a mi madre, porque formó en mí un hombre con carácter, y no un niño inmaduro e irresponsable disfrazado de adulto.

INSPIRACIÓN

13. NO CAMBIES LO MUCHO... POR LO POCO.

Una de las cosas lindas que tiene mi trabajo como terapeuta, es que no sólo me da la oportunidad de conocer personas para ayudarles a vivir mejor; también me da el privilegio de poder aprender de ellos, de sus experiencias de vida, de lo que debo y no debo hacer en mi vida personal porque, al fin y al cabo, yo también tengo los mismos retos, como esposo o padre de familia. Y eso es lo que siempre he tratado de hacer de mi profesión, una experiencia de aprendizaje. Por eso, todos los días aprendo algo de alguien.

Esta anécdota que les voy a describir la aprendí, precisamente, de uno de mis pacientes, con quien llegué a entablar una relación más cercana, tanto con él y su hermosa familia.

Su esposa, una encantadora mujer joven y emprendedora, una gran mamá. Sus dos hijos, unos chicos respetuosos, enfocados en la escuela, muy maduros y responsables para la edad que tenían. Y los conocí porque ellos como pareja tenían algo de dificultad por el excesivo tiempo que él le dedicaba a su trabajo, situación que estaba generando una ruptura, no sólo en su matrimonio, sino que también con sus hijos.

Básicamente, este era el motivo de sus conflictos, ella le pedía más tiempo pero él se rehusaba a entender -como buen "proveedor"- porque creía que dándoles todo a sus hijos y trayendo la comida a casa ya era más que suficiente para definirse como un "buen" padre.

Las discusiones, cada vez, eran más frecuentes y disfuncionales, fue por este motivo, que vieron la necesidad de buscar una ayuda para sus problemas.

INSPIRACIÓN

Les confieso que a mí, personalmente, me encantaban ellos como familia, me sentía muy en confianza; sobretodo, por el amor y la admiración que su esposa siempre le manifestaba a él, a pesar de la frustración que le aquejaba. Por eso, se dice, que "no hay felicidad completa". En verdad, pese a todo, ellos tenían una bonita relación y estaban educando muy bien a sus hijos.

Un día, ya después de algún tiempo de tratarlos, en una sesión, tuvimos la siguiente conversación:

- Ferney, quiero confesarte algo muy personal y la verdad, no sé qué hacer, -me lo dijo algo preocupado-
- ¿De qué se trata?
- Te confieso, que hace algún tiempo estoy saliendo con una compañera del trabajo.

Aunque me sorprendí mucho porque no esperaba eso de él, traté de ser muy prudente en mi reacción para no cortar ese momento de confianza.

- ¿Eres consciente de lo que puede suceder si tu esposa se llega a dar cuenta?
- Sí, lo sé.
- ¿Quieres perder tu matrimonio, tu familia?
- No, por supuesto que no, pero ese es el problema…
- ¿Qué tan involucrado estás?
- Yo no, esto para mí era una aventura, pero… -y empezó a llorar-
- ¿Qué te pasa?
- Es que no quiero perder a mi mujer, mi hogar, mis hijos.
- Entonces, ¿por qué lo haces?
- Esta mujer me dijo que iba a llamar a mi esposa para contarle todo… y no sé ¿qué hacer?
- ¿Y tú crees que lo va a hacer?
- Sí… está resentida porque le dije que ya no quería seguir más con esta situación.

- ¡Amigo, qué te digo yo!… estas son las consecuencias de tus actos y si así sucede, pues vas a tener que enfrentar todo lo que esto pueda ocasionar.

- Es la ley de la vida, tú no eres un niño, tú sabías muy bien lo que podía pasar.

- Sí, lo sé, pero ahora me arrepiento.

Efectivamente, así sucedieron las cosas, esta señora le contó todo a su esposa y ya podrán imaginarse todo el conflicto emocional que esto produjo, no sólo en ella como mujer, también en sus hijos, quienes trataban de manejar esto con fortaleza, pero el amor a su madre les hacía acercarse más a ella, reprochando el proceder de su padre. Ya estaban en la edad para comprender que las malas decisiones podían destruir un gran amor.

Traté en lo posible de mediar entre ellos, de buscar que su esposa tuviera una actitud de perdón hacia él, pero vi en ella una mujer muy firme de carácter, convencida de sus valores, con una estima muy alta, segura de sí misma, que luchaba por su felicidad, más allá de los prejuicios sociales o creencias religiosas.

- Mujer, ¿cómo has asimilado todo esto?
- Ferney, esto ha sido muy duro para mí, jamás pensé que esto pasara.
- ¿Qué piensas hacer?
- Tengo mucho coraje, no lo puedo ni siquiera ver a los ojos de la rabia que le tengo -empezó a llorar con mucho sentimiento-
- Te entiendo.
- No quiero estar cerca de él, me da mucha rabia cuando me quiere abrazar o tomar de la mano.
- Es una reacción normal.
- No puedo perdonarlo, quiero que se vaya de mi lado, que busque a esa otra mujer y sea feliz con ella.
- No tomes decisiones apresuradas, date un poco más de tiempo.
- No, Ferney, aquí no hay nada que pensar, jamás voy a ser como mi madre, que le permitió muchas infidelidades a mi papá.
- Pero son otras circunstancias.
- No, Ferney… si yo lo permito una vez, lo voy a tener que permitir muchas veces.

INSPIRACIÓN

Además, yo sé que esta relación nunca volverá a ser igual, y qué sentido tiene vivir desconfiando siempre, creyendo que te mienten, discutiendo por celos... no tiene caso.
- Y entonces ¿qué va a pasar?

- Yo no soy de esas mujeres que permiten que las pisoteen porque necesitan a alguien que las mantengan, yo valgo mucho y no voy arruinar mi vida como mi mamá, sólo por miedo a tomar decisiones, yo me valoro. Y si él se buscó a otra era porque ya no estaba feliz conmigo... si está arrepentido, es su problema.

Ese día me di cuenta de dos cosas: primero, que una mujer herida es mucho más fuerte y radical de lo que uno piensa; y segundo, cómo en unos minutos se puede venir abajo lo que tardó años en construirse,

Porque así como los sentimientos nos pueden unir para siempre, también nos pueden separar para siempre; ese es el riesgo de no saberlos cultivar.

Me dio mucha pena por los chicos, por la familia que eran. Sin embargo, por algún tiempo traté de darles acompañamiento a los dos; a él... para que entrara en un proceso de aceptación y reacomodación y, a ella, para que fuera madurando más sus emociones porque siempre pensé que su decisión había sido muy apresurada.

Eso era lo que creía, pero cada vez más, veía como ella obtenía más seguridad y éxito en su trabajo. Sus hijos asumieron con mucha madurez y claridad esta triste ruptura que había sucedido entre sus padres.

Años después...

Todavía tengo contacto con mi amigo, platicamos de vez en cuando, pero me da mucha tristeza ver, cómo aún no ha podido darle un nuevo rumbo a su vida, vive sólo en casa de un hermano, trabaja y para manejar su tristeza y ahuyentar la soledad, está bien involucrado en un grupo de oración de su iglesia, esto lo saca de su depresión y le da fortaleza en esos momentos de angustia. La última vez que hablé con él, me dijo:

- Ferney, todavía la amo, la extraño. Nunca voy a encontrar una mujer como Lucy.
- ¿Has tenido contacto con ella últimamente?
- Hace poco hablamos porque mi hijo necesitaba algo. Pero ya no es lo mismo, platicamos sólo lo necesario.
- ¿Y no le has dicho que regresen?
- Muchas veces, pero siempre me dice que no, que busque a la otra.
- Lo siento mucho, pero así son las mujeres.
...-bueno, algunas-
- Me pesa en el alma lo que hice, Ferney...

Ferney Ramirez

Perdí lo más hermoso que tenía a cambio de nada, -sus ojos se humedecieron-

- Bueno, pues organízate con la mujer que andabas, ¿no era eso lo que querías? -se lo dije en un tono de broma para romper ese momento de tristeza-

- Esa mujer que dañó mi matrimonio, no sólo salía conmigo, también andaba con otros compañeros del trabajo.

- Amigo, te voy a decir algo; no fue ella quien dañó tu matrimonio, fuiste tú mismo con tus acciones, quien elegiste...

    CAMBIAR LO MUCHO POR LO POCO.

14. LUCHA POR TUS SUEÑOS.

    Yo creo profundamente en el cambio, considero que cuando una persona decide dejar ciertos hábitos o formas negativas de actuar, si lo establece como un propósito, lo logrará. Sólo es cuestión de tener voluntad y establecer como una prioridad ese cambio que quiere realizar.

Exactamente lo mismo sucede con los sueños, porque al fin al cabo, un sueño es querer un cambio de vida, un objetivo, un deseo por mejorar o conseguir algo que no se tiene.

Estoy seguro que alguien que tenga una estima alta, un carácter firme y unos deseos enormes de superación personal, va a conseguir todo lo que se proponga en la vida, porque éstos son los ingredientes básicos para alcanzar cualquier ideal.

Este relato me encanta, porque cuando uno va en búsqueda de sus sueños, son muchos los obstáculos y las personas que nos quieren desanimar; incluso, gente cercana a nosotros que no nos quieren ver triunfar. Pero aún así, contra todos ellos, nos tenemos que enfrentar.

Sin embargo, sigo pensando y estoy bien convencido, que las grandes barreras no son ellos, en la mayoría de los casos, el peor enemigo que nos hace imposible llegar al éxito, somos nosotros mismos: nuestros pensamientos negativos, miedos e inseguridades, etc. Es por eso, que el mejor antídoto para todo esto es, nunca desistir.

Cuenta la historia que...
Un pequeño gusanito caminaba un día en dirección al sol, muy cerca del camino se encontraba un grillo que le preguntó:
- ¿Hacia dónde te diriges? -Sin dejar de caminar, la oruga contestó:

- Tuve un sueño anoche, soñé que desde la punta de la gran montaña yo miraba todo el valle. Y allá arriba de ese pico volaba en las alturas, sintiéndome plena y feliz. Me gustó tanto lo que vi en mi sueño que hoy desperté y he decidido realizarlo.

Sorprendido el grillo dijo mientras su amiga se alejaba:
- ¡Debes estar loca!, ¿cómo podrías llegar tú hasta aquel lugar?, tú que eres una simple y diminuta oruga... una piedra será para ti una montaña, un pequeño charco un mar y cualquier tronco una barrera infranqueable.

Pero el gusanito ya estaba lejos y no lo escuchó. Sus diminutos pies no dejaron de moverse hacia la cumbre... su sueño, ante el cual se había preparado para alcanzar. La oruga continuó su camino y, al igual que el grillo; la araña, el topo, la rana y la flor aconsejaban a su amiga oruga a desistir de su extraña idea.

- ¡No lo lograrás jamás! -le decían, pero en su interior había un impulso que la obligaba a seguir, tenía muy claro su objetivo, lo que tenía que hacer para llegar a él y esta era la programación que acompañaba su pensamiento. Ya agotada sin fuerzas y a punto de morir, decidió parar a descansar y construir, con su último esfuerzo, un lugar donde pernoctar

- Estaré mejor mañana. -fue lo último que dijo y murió.

Todos los habitantes del valle durante días fueron a mirar sus restos, ahí estaba en un capullo el animal más loco del pueblo. Su tumba era un monumento a la insensatez, digno de alguien que había muerto "por querer hacer un sueño irrealizable".

Una mañana en la que el sol brillaba de una manera especial, todos los animales se congregaron en torno de aquello que se había convertido en una advertencia para los atrevidos.

INSPIRACIÓN

De pronto, todos quedaron atónitos, aquella concha dura comenzó a quebrarse... se rompió y con asombro vieron unos ojos y una antena que no podían ser de la oruga que creían muerta. Poco a poco, como para darles tiempo de reponerse del impacto, fueron saliendo las más hermosas alas coloridas de aquel impresionante ser que tenían frente a ellos: una bella mariposa.

No hubo nada que decir, todos sabían lo que haría, se iría volando hasta la punta de la gran montaña y visualizaría todo el valle donde por algún tiempo vivió. Así realizaría su sueño; el ideal por el que había vivido, por el que había muerto y por el que había vuelto a vivir.

Todos se habían equivocado en sus apreciaciones, esa oruguita frágil, lenta e indefensa que se arrastraba por el suelo, ahora se había convertido en una hermosa mariposa que volaba hacia lo alto sin límites, llena de belleza, tal como lo soñó.

Por eso, si tienes un sueño, vive por él, intenta alcanzarlo, enfoca tu vida en ello y si en el empeño consideras que es demasiado difícil, quizás necesites hacer un alto en el camino para revisar la posibilidad de hacer algún cambio.

Si es así, entonces deberás replantear aquellos aspectos en los que estés fallando y después de una transformación completa en tu forma de pensar; con mayor esfuerzo y dedicación, vas a hallar otras posibilidades para lograrlo.

Estoy convencido que con una actitud positiva, seguramente lo conseguirás.

La clave es…
¡NUNCA DARSE POR VENCIDO!

15. TEN CONTROL DE TI MISMO.

Esta habilidad de auto-control es vital en el ser humano porque diariamente estamos expuestos a situaciones que, de una u otra forma, nos hacen perder la sensatez y el dominio de nuestras emociones.

Por ejemplo, es normal sentirnos frustrados cuando las cosas no nos salen bien; es lógico experimentar mucha tristeza al perder un ser querido o enfadarnos ante alguien que nos falta al respeto. También es común desmotivarnos cuando no valoran nuestro trabajo o desesperarnos ante la sensación de no saber cómo reaccionar, en ciertos momentos de la vida… entre otros.

El auto-control debe ser una cualidad que debemos desarrollar todos los días, pues esta juega un papel determinante, en la forma de hablar y actuar cuando nos sentimos enojados.

Desafortunadamente, en éstos momentos de enojo e ira es cuando más irracionales nos convertimos porque es justo, en estas circunstancias, el instante en que decimos palabras que ofenden, hieren y lastiman y cuando esto sucede, hacemos mucho daño; la mayoría de las veces, a las personas que amamos.

El conflicto, es que cuando hacemos daño a alguien, lastimamos su auto-concepto, la valoración que tiene de sí mismo, su amor propio y esto altera significativamente su autoestima.

Esta realidad se ve claramente en las relaciones familiares porque hay padres de familia que no saben controlar su enojo y frustración cuando los hijos no "obedecen" o se "revelan". Situación que los lleva al punto límite haciéndoles "perder" la razón…. Y esto, en últimas, es una gran equivocación.

INSPIRACIÓN

Esta historia, es una hermosa reflexión que nos ayuda a entender el cómo manejar una situación de extrema frustración ante un hijo. Pues nosotros somos los adultos, los que tenemos que tener el control de la situación.

El relato trata de una señora que fue a la tienda con su niña de cinco años de edad, al llegar allí, la menor se enamoró de un juguete, lo tomó y le dijo a su mamá:

- Mami, yo quiero esto.
- No, déjalo ahí, -respondió-
- Pero yo lo quiero, -gritó-
- Ya te dije que no, no tengo más dinero.
- Yo lo quiero -gritaba aún más fuerte-

Todas las personas que estaban al lado miraban a la joven madre para ver su reacción, ella no sabía qué hacer en ese momento, se sentía abochornada, con mucha pena por el incidente. La mamá se dirigió a la pequeña y le dijo:

Ferney Ramirez

- ¡Cálmate Lupita, cálmate!
- Pero yo lo quiero mami…. -lo dijo llorando-
- ¡Que te calmes, te digo!

La señora logró que su hija por un momento controlara su berrinche; sin embargo, la niña al ver que su mamá la ignoraba y hacía caso omiso a su deseo de tener el juguete, volvió nuevamente a pedir lo que quería, pero esta vez lo hizo con mayor intensidad.

- Yo quieeeeeeeero -gritaba más fuerte-
- Cálmate Lupita, cálmate, por favor. -estaba que la levantaba del piso de un pellizco pero la gente la miraba-
- ¡Eres una mamá mala!
- ¡Cálmate!

Al llegar al cajero, vio que su mamá había pagado todo excepto su juguete y con mayor razón protestó, esta vez empezó a darle puños a la pared; la mamá continuaba firme en su decisión pero por dentro, estaba que se reventaba de coraje y pena por esta vergonzosa reacción. La chica aún gritaba:

INSPIRACIÓN

- Cómpramelo mami, yo quiero. -gritaba-
- Ya te dije que te calmes.
- Es mío, -se mordía y más berrinche hacía-
- ¡Cálmate Lupita!

El encargado de seguridad que permanecía en la puerta de entrada, al ver que la señora estaba encartada con muchas bolsas y que no podía controlar el comportamiento de la niña, pensó que se le iba a ser difícil llevar sus compras hasta su carro, así que se ofreció para ayudarle.

Cuando llegaron al estacionamiento, él le dijo:

- Señora, permíteme felicitarla.
- ¿Y por qué?
- Porque usted es la primera mamá que yo he visto que sabe manejar muy bien el berrinche a su hija.
- No, señor, usted está equivocado.

Ferney Ramirez

- No, señora, no estoy equivocado. Desde hace rato la he venido observando; cada vez que la niña le grita que quiere el juguete, usted en vez de enojarse y pegarle, viene donde ella y le dice:

- Cálmate Lupita, Cálmate.
- Si señor, por eso está equivocado, es que

"LUPITA NO ES ELLA... LUPITA SOY YO"

16. SIEMBRA GRATITUD.

Siempre he creído que las "apariencias engañan", lo que se ve, muchas veces, no es lo que realmente es, y esto lo he podido ver en muchas personas que aparentan ser unas, pero en el fondo, cuando uno las conoce, son otras totalmente diferentes; por eso, el dicho que dice: "caras vemos, corazones no sabemos"

Esta experiencia me ha tocado percibirla en dos direcciones; en unas, personas que se veían ecuánimes, correctas y justas... después de tratarlas, descubres que son, agresivas, de malas intenciones, como dicen algunos, "lobos vestidos de ovejas" Y en otras, todo lo contrario, personas que se mostraban fuertes, insensibles, egoístas, cuando llegas al fondo de ellas, encuentras que son grandes seres humanos, gente maravillosa que asumieron, precisamente, esa apariencia de "fuertes" para protegerse o huir de alguna realidad psicológica o sentimental.

Esto lo digo, porque hace muchos años, conocí en mi pre-adolescencia, un chico que para muchos padres de familia, incluida mi madre, era motivo de desconfianza y preocupación porque se veía como un joven conflictivo, lleno de problemas, sin reglas ni control. Era hijo de una madre soltera que lo había abandonado para irse a otro país.

Ya ustedes se podrán imaginar la angustia que era para éstos adultos el ver a sus hijos juntarse con este muchacho. De hecho, era mi mejor amigo, Carlos era su nombre. Obviamente, para mi mamá, era una inquietud muy fuerte el saber que a mí me gustaba su amistad, y no sólo eso, cada vez que se hablaba mal de él, yo salía en su defensa porque sabía muy bien lo mucho que había tenido que sufrir.

No sé si era un sentimiento de pesar o de apoyo, pero yo me había convertido para él en el hermanito que quizás no tenía; yo era su compañía, conmigo se desahogaba y aunque varias veces lo vi fumando, él jamás me permitió que yo lo hiciera. Por el contrario, me cuidaba, me aconsejaba... esto mi mamá nunca lo supo. Él fue quien me protegió de no usar drogas, cuidó de mi ante los otros chicos que me presionaban para que fumara "marihuana".

¡Increíble, justo el chico que a mi madre más desconfianza le generaba, era el que estaba protegiendo a su hijo de tomar malas decisiones!. Carlos fue como un "ángel guardián" en esos tiempos donde uno quiere ser un aventurero. Y todo esto se dio, estoy seguro, por una sencilla razón:

Mi abuela, que en paz descanse, era una mujer muy sabia, al darse cuenta de lo que estaba pasando conmigo, en vez de juzgarme y criticarme por la amistad que teníamos, -no sé si fue su estrategia- pero ella empezó a "ganarse", poco a poco, el aprecio de mi buen amigo.

Para la navidad, ella acostumbraba a darle un pequeño regalo; siempre que lo llevaba a mi casa, le brindaba algo de comer, hablaba con él, le contaba historias de su juventud y yo veía que eso le encantaba. Recuerdo que una vez le dio un presente para su cumpleaños, jamás lo vi tan feliz y sorprendido como aquel día... yo creo que este joven veía en ella, la mamá que en ese momento, él a la vida, le pedía.

Cierto día, estábamos jugando football y al terminar el juego, él con otros, se hicieron detrás de un árbol, yo vi que estaban fumando marihuana, me acerqué y uno de ellos, me ofreció. En ese instante, Carlos se paró y se enfureció con ese joven, le dijo;

- ¿Por qué le ofreces estúpido? -él era musculoso y peleonero, era el más fuerte de todos, por eso, lo respetaban-

INSPIRACIÓN

- Sólo le ofrecí por si quería. -dijo Alex-
- Nunca vayas a recibir esto de nadie.
- ¡Es que es tu hermanita o qué! -risas-
- A ustedes qué les importa.
- De todos modos, no iba a recibir -dije-
- Si alguno de ustedes le ofrece marihuana a Ferney, juro que les reviento la nariz.

Los demás, al ver que el ambiente estaba un poco tenso, empezaron a irse a sus casas, yo me quedé con él. Recuerdo que me senté a su lado y juntos tuvimos la siguiente conversación:

- Si tú me dices que no fume esto, entonces ¿por qué lo haces?
- Porque yo a nadie le importo, yo no tengo familia, no tengo una abuela como la tuya.
- ¿Y eso qué importa?
- Si algún día te veo haciendo esto, te pego.
- No lo voy a hacer.
- Nunca lo hagas. Cuánto quisiera tener una mamá como la tuya -y empezó a llorar, hacía muchos años que no veía a su madre-

- Tranquilo, no llores... -no sabía qué hacer-
- Tu mamá te quiere, ella todo lo que hace es para que seas alguien en la vida; en cambio, la mía me abandonó, no le importó irse y dejarme sólo. -lloraba con mayor intensidad-
- Ella también te quiere.
- Si eso fuera cierto, no se hubiera ido.

...Y me quedé a su lado, sin decir palabra alguna, escuchando sus sollozos. Ese día comprendí que cuando un chico "tiene problemas" o toma malas decisiones, no es porque quiera ser así, es porque a través de sus actos, busca el amor o la atención que sus padres no le han dado.... Eso fue lo que mi sabia abuela comprendió; por eso, en vez de convertirlo en su enemigo, lo hizo su mejor aliado para proteger a su amado nieto del peligro de las drogas.

17. LO QUE SIEMBRAS, COSECHAS

Desde pequeño siempre me enseñaron una frase que se ha convertido para mí, en una regla de oro: "Haz el bien y no mires a quién" y de algún modo, esta premisa la he llevado conmigo desde entonces.

Hoy que trabajo con jóvenes y padres de familia, este dicho se volvió un mandato, un principio de vida que me ha traído muchas satisfacciones, porque estoy seguro, que quien más se gratifica es el que da y no el que recibe, esa ha sido mi experiencia.

Si tú das algo con la perspectiva de recibir alguna recompensa o con la mentalidad que la gente te tiene que devolver los mismos favores, vas a recibir muchas frustraciones y decepciones, porque algo que he aprendido es a nunca esperar "nada de nadie".

Y en verdad, esta forma de pensar, me hace vivir sin apegos, sin expectativas irrealistas; porque si vives así, la vida todos los días te sorprenderá... ese es el secreto de vivir bien, hacer siempre lo correcto, sin esperar que te aplaudan por ello.

Yo sé, y estoy seguro de esto, la vida te va a devolver, lo que tú le das, es como si fuera una ley universal. En otras palabras, como trates la vida, ella te tratará. Esto no sólo lo he vivido en carne propia, muchas personas también me lo han compartido: "El que da de corazón, recibe el doble de lo que da".

Es por esta razón que este relato que te voy a compartir, me encanta, porque hay experiencias que son más enriquecedoras que encontrar un cofre lleno de oro. Pues en últimas, lo que convierte en interesante la existencia de un ser humano, no es lo que tiene, sino lo que hace.

INSPIRACIÓN

- Cuenta la historia que un día, un muchacho pobre que vendía mercancías de puerta en puerta, para pagar sus estudios universitarios, encontró que sólo le quedaba una simple moneda de diez centavos y tenía muchísima hambre. Decidió entonces que pediría algo de comer en la próxima casa a donde llegara. Sin embargo, sus nervios lo traicionaron cuando una encantadora mujer joven le abrió la puerta. Se llenó de vergüenza y en lugar de comida pidió un vaso con agua.

Ella al observar al joven, pensó que debía estar muy hambriento, así que le trajo un gran vaso de leche con un pedazo de pastel. Él se lo comió despacio y entonces le preguntó:

- ¿Cuánto le debo?
- "No me debes nada" -contestó ella-.
- "Mi madre siempre nos ha enseñado a nunca aceptar pago por una caridad".

Ferney Ramirez

- "Entonces, te lo agradezco de todo corazón" -respondió él-
- - Dios le bendiga, joven.

Cuando Howard Kelly se fue de esa casa, no sólo se sintió físicamente más fuerte, sino que también su fe en Dios y en las demás personas era más latente, pues Él había estado pensando en rendirse y dejarlo todo, pues sentía que no podía más.

...Años después, esa misma joven mujer enfermó gravemente y requería de una operación urgente. Los doctores del pueblo estaban confundidos, pues no tenían los instrumentos necesarios para hacerlo. Finalmente, la enviaron a la gran ciudad, donde llamaron a varios especialistas para estudiar su rara enfermedad.

A uno de los que se llamó para consultarle fue al Doctor, Howard Kelly. Experto médico oncólogo, con un PHD en cancerología.

INSPIRACIÓN

Cuando este oyó el nombre del pueblo de donde venía la paciente, una extraña sensación de escalofrío recorrió todo su cuerpo, inmediatamente subió del vestíbulo del hospital al cuarto de la paciente. Vestido con su bata de doctor entró a verla, la reconoció enseguida.

Regresó de inmediato al cuarto de observación dispuesto a hacer todo lo imposible para salvarle la vida a esta mujer; desde ese día, prestó atención especial a este caso.

Después de una larga lucha, ganó la batalla. Ella ya se encontraba completamente sana, sólo era cuestión de estar en recuperación. Entonces, el Dr. Kelly pidió a la oficina de la administración del hospital que le enviaran la factura total de los gastos para aprobarla. Él la revisó y entonces escribió algo en el borde superior del documento y envió la factura al cuarto de la paciente.

Ferney Ramirez

Ella tenía mucho miedo de abrirla porque sabía perfectamente que le tomaría el resto de su vida para pagar todos los gastos de su enfermedad. Al abrir el sobre, algo le llamó su atención, en el borde de la factura leyó estas palabras...

"Pagado por completo hace muchos años con un vaso de leche y un pedazo de pastel. Dr. Howard Kelly".

"No son tus palabras las que hablan por ti… son tus acciones"

18. ESCOGE MUY BIEN LO QUE QUIERES

Esta anécdota la viví hace muchos años, aún era soltero, estudiaba en la universidad y todos los domingos, mi día de descanso, tenía la sana costumbre de dedicar unas horas para hacer deporte con un buen amigo que residía cerca a mi departamento. Él vivía con su madre y, cada vez que terminábamos la rutina, me invitaba a su casa a tomar jugo de naranja.

Para esos días había llegado de visita un sobrino suyo, un joven de catorce años, que según él, su hermana se lo envió unas semanas porque se había vuelto muy rebelde, irrespetuoso y al parecer, estaba haciendo drogas. Quería que le ayudara con él, aconsejándolo o reprendiéndolo... esto es lo que suelen hacer los padres cuando ya no saben qué hacer con sus hijos.

Un domingo, el chico nos acompañó, salió temprano y estuvo trotando con nosotros un buen tiempo. Al llegar a su casa, agotados; como de costumbre, mi amigo nos invitó a comer unas refrescantes y jugosas frutas.

Fue al refrigerador y a mí me ofreció unas naranjas muy grandes, con un intenso color amarillo que invitaba a saborearlas... a su sobrino, le dio una naranja podrida, estaba bien negra, se notaba que ya estaba descompuesta y hasta tenía algo blanco en su superficie, que daba una sensación de desagrado. De inmediato pensé que el adolescente no se la iba a comer. El joven al ver esto, protestó:

- Tío... ¿y a mí por qué me das esta naranja en este estado?
- ¡Y qué tiene de malo, es una naranja!
- Está podrida... ¡no me la voy a comer así!
- Al menos pruébala, por dentro está buena.
- Por supuesto que no. -contestó molesto-
- Es sólo la cáscara la que está mal...

- No, tío. Yo mejor agarro otra naranja que esté mejor.

- Alberto, si así como tienes la firmeza y el coraje para decirme que no vas a comerte algo que no quieres, tuvieras la misma valentía para decirle a tus amigos que no necesitas drogas cuando ellos te la ofrecen, tu vida sería muy distinta.

El muchacho se quedó sin palabras, y aunque se sintió un poco avergonzado por mi presencia, comprendió de inmediato lo que su tío estaba tratando de enseñarle, -nos quedamos en silencio- y él continuó…

- Las drogas son como esa naranja podrida que te di, yo te la ofrecí en tus manos, pero tú tuviste la oportunidad de aceptarla o rechazarla. Lo mismo debes hacer cuando te inviten a fumar marihuana, pues eso es peor que esta naranja y aun así… a esta naranja sí la rechazas, pero a las drogas, no.

- Hijo, créeme que esta naranja no te va a hacer ningún daño, pero eso que estás haciendo con tus amigos, si te va perjudicar tarde o temprano, o ¿tú crees que no?

- Sí, tío. -lo dijo meditabundo-
- Entonces, ¿por qué lo haces?
- No lo sé.

- Alberto, tú eres el único que puedes decidir por ti mismo lo que quieres para tu vida, nadie va a decidir por ti. De ti depende si arruinas o no tu futuro, ya es hora que lo entiendas.

El chico seguía con la cabeza mirando hacia el piso, pero pude ver que sus ojos estaban llenos de lágrimas; no cabía duda, que las palabras de su tío le estaban llegando al fondo de su ser, que esta reflexión de la naranja podrida, estaba cuestionando su manera de actuar y valorar la vida.

INSPIRACIÓN

- Beto, perdóname que te hable así -lo abrazó fuerte y lloró con él- Es que no quiero ver cómo estás dañando tu vida.
- Gracias tío, gracias.
- Yo también pasé por tu edad... no hagas cosas que después vas a lamentar.

Jamás me imaginé que mi amigo tuviera esa gran cualidad, manejó perfectamente la situación; sobretodo, fue genial la estrategia que usó para darle un mensaje profundo y directo que le pudiera cambiar la vida a su sobrino... así son los chicos y esa es la forma precisa de saberles llegar, porque he aprendido con los adolescentes que, no es tanto "lo que digas, sino cómo lo digas", lo que realmente funciona con ellos.

Lo que nunca supe fue si la naranja podrida que tenía en la hielera fue una coincidencia o era algo que él tenía planeado hacer y sólo estaba esperando el momento perfecto para hacerlo...

Pero sea cual sea la respuesta, lo único que sé, es que esta ha sido la forma más inteligente que yo haya visto para darle una enseñanza muy clara y precisa a un joven que está confundido y que hace lo que hace, quizás, para complacer a sus amigos.

Meses después supe que el chico se había venido a vivir con su tío, que estaba terminando su escuela y que tenía muy buenas calificaciones. Me dio mucha alegría por él, porque el día que lo conocí, vi en él, un joven inteligente que lo único que necesitaba era un poco de orientación y esto se logró, gracias a una… NARANJA PODRIDA.

19. CUIDA LO QUE AMAS.

Siempre he pensado que cuando en una pareja, suceden las cinco grandes pérdidas de una relación: pérdida del **Respeto,** de la **Comunicación,** de la **Confianza,** del **Afecto** y la **Admiración.** Es aquí, cuando precisamente, agoniza el Amor y si no se le dan los cuidados intensivos necesarios, pronto morirá, como muere cualquier mortal.

Estoy completamente seguro, que eso que llamamos Amor, es mucho más que un sentimiento; es el resultado de una serie de conductas positivas que hacemos en beneficio del otro.

En el momento que éstos comportamientos se dejan de hacer, ese sentimiento benigno, se transforma en otro totalmente antagónico. Se convierte en una emoción maligna que intoxica, lastima y hace daño a la relación.

Justo en este instante, aparece en la vida de pareja, la frustración, el enojo, el coraje, la insatisfacción, etc. Sentimientos letales que destrozan sin piedad ese cariño y admiración que alguna vez sintieron el uno por el otro.

Por eso, esta reflexión va dirigida a todas aquellas personas que viven en pareja, a quienes una vez decidieron juntar sus vidas con el sueño de amarse y respetarse por siempre y que, día a día, dan lo mejor de sí para que este noble propósito se cumpla.

También es para aquellos que sienten que su relación ya no es la misma, que creen que se ha desaparecido la magia y el encanto de vivir juntos; pero aún así, luchan por seguir forjando ese destino que años atrás decidieron construir mutuamente.

De igual forma, este mensaje es para quienes sienten que lo están perdiendo todo y que quizás ya no vale la pena luchar más porque la desmotivación, la desconfianza o el distanciamiento ha logrado crear entre ellos, una muralla invisible, que cada vez más, los aleja de esa promesa de estar unidos para siempre.

El cuento dice:

- Hubo una vez en la historia del universo un día terrible en el que el ODIO, que es el rey de los malos sentimientos, los defectos y las malas virtudes, convocó a todos sus súbditos a una reunión urgente.

Todos los deseos más perversos del corazón humano vinieron de todas partes del mundo a esta reunión, con curiosidad por saber cuál era el propósito de esta. Cuando estaban todos reunidos, el ODIO se puso de pie y dijo:

- "Los he reunido a todos porque deseo con todo mi corazón matar a alguien". Los asistentes no se extrañaron mucho pues era el ODIO quien les estaba hablando y él siempre quiere hacerles daño a los demás.

Sin embargo, todos se preguntaban entre sí quién era tan difícil de matar para que el ODIO, los necesitara a todos.

- "Quiero voluntarios que maten al odioso AMOR" -dijo-. Muchos sonrieron, ya que, de una u otra forma, casi todos querían hacerlo. El primer voluntario fue el "Mal Carácter"

- Yo iré y les aseguro que en un mes, el AMOR habrá muerto. Provocaré tanta discordia e ira que no lo soportará -les dijo a todos-

Al cabo de un mes se reunieron otra vez para escuchar lo sucedido, pero el "Mal Carácter" tenía malas noticias.

- Lo siento, lo intenté todo pero cada vez que yo sembraba una discordia, el AMOR la superaba y salía adelante, -les dijo-

Fue entonces cuando se ofreció "Ambición" que haciendo alarde de su poder dijo:

INSPIRACIÓN

- En vista de que el "Mal Carácter" fracasó, iré yo. Desviaré la atención del AMOR hacia el deseo por la riqueza y el poder y no podrá vencer la tentación de tener muchas comodidades, no fallaré.

La "Ambición" inició el ataque hacia su víctima, quien efectivamente cayó herida, pero después de luchar ferozmente, renunció a todo deseo de poder y triunfó.

El ODIO se enfureció por el fracaso del "Mal Carácter" y la "Ambición" y decidió enviar a los "Celos", quienes burlones y perversos inventaban toda clase de artimañas para llenar de dudas y sospechas infundadas a su adversario el AMOR. Pero este no tenía ninguna intención de morir y con valentía y fortaleza los venció.

Año tras año, el ODIO siguió en su lucha y envió a sus más hirientes compañeros: la "Frialdad", el "Egoísmo", la "Indiferencia", la "Pobreza" y a muchos otros, pero todos fracasaron, porque cuando el AMOR se sentía desfallecer, tomaba de nuevo fuerzas y todo lo superaba.

El ODIO, convencido de que el AMOR era invencible les dijo a los demás:

- Nada se puede hacer, hemos perdido la batalla. El AMOR lo ha soportado todo, llevamos muchos años insistiendo y no lo hemos podido vencer.

De pronto, de un rincón del salón se levantó un sentimiento desconocido, su rostro era poco visible, razón por la cual nadie le dio importancia. Con voz muy firme y con mucha autoridad, dijo:

- "Yo me encargaré de matar al AMOR"

Confundido, pero con mucha alegría, el ODIO le dijo:
- Ve y hazlo.

Tan sólo habían pasado unos días cuando el ODIO volvió a llamar a todos los malos sentimientos a una junta para comunicarles que después de mucho esperar, por fin, el AMOR había muerto.

El sentimiento poco conocido se puso de pie, se dirigió a los presentes y les dijo:

- "Ahí les entrego el cuerpo sin vida del AMOR. Está muerto como deseaban todos ustedes", -y sin decir nada más, se marchó-

- Espera -dijo el ODIO- ¿Cómo has podido vencerle en tan poco tiempo? Acaso no hizo el menor esfuerzo para sobrevivir?
- ¿Quién eres tú?

El sentimiento mostró por primera vez su horrible rostro y dijo:

       - "Soy... LA RUTINA"

20. LIBERATE DE TI MISMO.

En mi experiencia terapéutica he tenido la oportunidad de conocer personas que vienen arrastrando con muchos recuerdos dolorosos de su infancia, para todas partes andan con ellos; el problema es que ya se acostumbraron tanto a vivir con éstos, que los han convertido, -como si así fuera- en parte esencial de su vida.

De hecho, yo pienso que todos tenemos que lidiar con algún sentimiento confuso, pues no creo que exista sobre la tierra, alguien que haya tenido los padres, la infancia o la vida perfecta; siempre tendremos que batallar con una u otra cosa del pasado.

El conflicto se da, cuando éstos se hacen tan pesados de cargar, que queremos que sean otros los que lleven, a fuerza, el peso de nuestras emociones. En otras palabras, tratamos de involucrar a los demás, en lo que sólo nosotros, tenemos que resolver.

Damos por cierto, la falsa creencia que, los que nos aman y están a nuestro alrededor, como muestra de su amor, tienen que asumir, en gran parte, la responsabilidad de ayudarnos a cargar ese "peso emocional", que nos causa dolor y frustración. Lo cual es absolutamente falso.

Mis problemas, son mis problemas y como tal yo los tengo que enfrentar, nadie tiene ni por qué "pagar" ni por qué "asumir" eso que sólo me corresponde a mi encarar. Nadie tiene el poder de sacar de mí, todo aquello que me hace infeliz, esto es una decisión que yo debo tomar en pro de mi felicidad.

Nadie puede ser feliz por nadie, esto es una responsabilidad personal, es una elección existencial… yo tengo que estar en armonía con mi ser interior, con Dios y la vida, para poder proyectar a los demás, ese ser grandioso que soy.

Ferney Ramirez

Sólo así, podré encontrar algún día, aquello que ando buscando por todos lados: mi plenitud.

En este orden de ideas, esta reflexión maravillosa viene a explicar muy claramente esta filosofía de vida que se ha convertido para mí, en una exigencia personal: "No permitas que nada ni nadie te impida ser feliz"

- Cuenta la historia que...

... Para la clase de hoy, el tema era hablar sobre el resentimiento y el perdón. Para tal propósito, el maestro nos había pedido a cada uno que lleváramos papas y una bolsa de plástico. Estando ya en clase, nos dijo que eligiéramos una papa por cada persona a la que le tuviéramos rencor. Escribimos sus nombres en las papas y las pusimos dentro de la bolsa.

INSPIRACIÓN

El ejercicio consistía en que durante dos semanas lleváramos con nosotros a todos lados donde fuéramos esa bolsa de papas. Naturalmente estas, se iban deteriorando con el tiempo.

El fastidio de acarrear esa bolsa en todo momento me mostró claramente el peso espiritual que cargaba a diario y cómo, mientras ponía mi atención en ella para no olvidarla en ningún lado, desatendía otras cosas que eran más importantes para mí.

Todos tenemos papas pudriéndose en nuestra "mochila" emocional. Esta actividad fue una gran enseñanza sobre el precio que se tiene que pagar a diario por mantener el resentimiento por algo que ya pasó y no podemos cambiar.

Lo más significativo de todo, es que realmente la bolsa pesaba... y demasiado, era una carga que, con el paso del tiempo, se me hacía difícil llevar.

Fue entonces, cuando tomé la decisión de ir sacando las papas de la bolsa, ya no las quería seguir cargando más, me fui deshaciendo de ellas, una por una, y cuando lo hacía, sentía un alivio, se me hacía menos el peso y más liviana la bolsa.

Este acto de ir sacando cada papa de la bolsa, representa el PERDÓN, esa decisión que debo tomar, día a día, para poder hallar esa paz que anhelo. Cada vez que decido perdonar a esa persona que me hizo daño, me lastimó, abandonó, abusó, etc. Estoy decidiendo no llevarla más en mis recuerdos, en mi mente, en la bolsa de mis sentimientos.

En otras palabras, cada vez que perdono, estoy rompiendo una relación tormentosa con la sombra de un pasado que ya no permito que exista más dentro mí.

¡Por mi salud, por mi dignidad,
por amor a mí mismo…
lo tengo que hacer!

21. DEFIENDE LO QUE CREES.

Esta historia la viví hace algunos años trabajando con adolescentes en una High School en Chicago. Más que darles unas clases para que fueran mejores personas, para mí era un gran desafío, una difícil tarea que quise asumir porque me parece que los jóvenes de hoy tienen acceso a tanta información, que es eso, precisamente, lo que los tienen confundidos y sin ningún sentido de valoración por las cosas.

El reto era mostrarles la importancia de "Esperar a tener relaciones sexuales hasta el matrimonio", y aunque para muchos este mensaje llegaba muy tarde, para otros, era el momento preciso de hablarles de éstos temas, porque estaba completamente seguro, que sus padres no hacían esto en casa.

Ferney Ramirez

Les confieso que esto generaba polémica y rechazo en la mayoría de ellos, pero aún así, era bien sorprendente el respeto e interés que éstos mostraban ante mis argumentos.

Cierto día, en una sesión con ellos, les hablaba de la importancia de tomar buenas decisiones, de tener prioridades en la vida y mencioné el ir a la Universidad como una de ellas. Les decía que una mala elección podía cambiar el rumbo de sus vidas; incluso, podía hacer que su futuro se viera afectado. Puse como ejemplo concreto el tener relaciones sexuales a temprana edad y los embarazos indeseados como una de esas consecuencias que han hecho que muchos chicos y chicas abandonen su sueño de ir a la escuela.

Justo en ese momento, una maestra que estaba escuchando la conversación, levantó la mano, pidiendo la palabra para involucrarse en el diálogo.

INSPIRACIÓN

- Disculpe señor que intervenga... -dijo-
- Sí, maestra, adelante.
- Me parece absurdo que en pleno siglo XXI se les esté dando un mensaje tan anticuado a éstos jóvenes.

Los chicos callaron esperando mi reacción.

- Bueno.... Esto no es un mensaje para convencer a nadie, es simplemente, una realidad que no podemos ocultar. Muchas adolescentes quedan en embarazo antes que terminen la secundaria...

- Es usted un pastor, sacerdote o algo así?

- No, no lo soy. Soy un psicólogo, que les está mostrando a éstos adolescentes la otra cara de la moneda. -En ese momento saqué una moneda -quarter- de mi bolsillo y le pregunté a un chico de la audiencia-
- Usted qué ve aquí?
- Un águila, -respondió-
Y lo mismo hice con todos los demás chicos del curso, todos me respondieron lo mismo:

- Un águila-
- Todos ustedes están equivocados. -dije-
- Yo veo un rostro -George Washington-
- ¡Ah… pues lógico, está viendo la otra cara de la moneda! -contestó una chica-
- Correcto señorita… Así es, y es lo mismo que yo estoy haciendo aquí con ustedes, les estoy mostrando la otra verdad que no ven.

- Les estoy dando a conocer otro punto de vista diferente a lo que la sociedad les dice a cerca de lo qué es y cómo debe vivirse la sexualidad en esta etapa de la vida. Para la mayoría de ustedes, lo normal es que lo "hagan"… Pues yo vengo a decirles que hay otra alternativa, y es que "no lo hagan". Pero eso no lo decide nadie por ti…. Ni tu mamá, ni tu papá, ni la maestra, ni yo… Eso sólo lo decides tú, pues tú eres el único que sabes qué es lo que quieres hacer con tu vida.

- De todos modos, no estoy de acuerdo. -reafirmó-

- Con todo respeto le digo maestra, usted es una mujer adulta, supongo que ya tiene definida muchas cosas en su vida; tiene una estabilidad laboral y me imagino que también, una estabilidad emocional…. Pero ellos, NO. Estos jóvenes apenas están en esa búsqueda de qué hacer con sus vidas, permítales a ellos decidir por sí mismos, qué es lo mejor para su futuro. -se lo dije con mucha seguridad-

No sé si fue mi pasión por el tema o el hecho de que haya hablado con tanto convencimiento, que en el salón de clase predominó un silencio… era un silencio de reflexión, pude entrever que aunque quizás no compartían conmigo el mensaje, si estaban analizando y asimilando el poder de esas palabras que les transmitía en ese momento.

Me imagino que este espacio de reflexión se logró porque algunas de ellas, a su corta edad, ya eran madres; algunos estaban en las drogas, en pandillas y, porque la gran mayoría de éstos chicos tenían pésima relación con sus padres. De hecho, uno que otro, ya había tenido problemas con la ley.

El mensaje que yo les traía era una verdad absoluta para ellos; muchas jovencitas de la escuela estaban embarazadas, esa realidad no la podían ignorar; por eso, callaron y no refutaron, incluso... pude percibir que la intervención de la maestra no logró distraerlos de esa profunda conversación que estaba teniendo con ellos.

En ese momento, una joven llamada Elizabeth rompió el silencio.

- Maestra, lo que este señor está diciendo es verdad. -todos la miraron-
- Por muchos años, yo pensaba lo bonito que sería llegar virgen al matrimonio, y quería que así fuera porque eso me lo enseñó mi abuela. Ella desde muy pequeña me decía que la virginidad era lo más valioso de una mujer.

- Mi mamá me dejó sola con ella, fue mi abuela quien me educó -empezó a llorar-
- Ella era mi mamá…. -lloraba con más intensidad, y pude ver que todos los chicos del salón, estaban con sus ojos llenos de lágrimas-

- Llegar virgen al matrimonio, era algo que yo quería hacer, porque para mí era muy importante lo que mi abuela pensara de mí. Pero todo eso cambió cuando ella murió… -lloraba más fuerte-
- Desde entonces me vine a vivir con mi verdadera mamá. Todo fue diferente cuando llegué aquí a Estados Unidos, porque lo primero que ella hizo fue darme una caja de condones, y me dijo:

- Tú ya estás muy grande, y yo no voy a estar detrás de ti cuidándote para ver qué haces o no. Toma esto y el día que decidas abrirle las piernas a un chico, usa esto para que te protejas, yo no quiero que me traigas sorpresas…

- ¡Pero mamá! -le dije- Estaba sorprendida que me hablara así-

- Todas las chicas a tu edad son locas, no saben lo que hacen y, al fin y al cabo, tarde o temprano, terminan haciéndolo. Entonces, mejor te prevengo desde ahora.

- Desde ese día, mi forma de pensar sobre el sexo cambió. Sentí que en ese instante, ella me había dado el "permiso" para hacerlo -se limpiaba sus lágrimas-…
He tenido relaciones con varios chicos, me he sentido usada, pisoteada, quiero retener a los hombres dándoles sexo y hoy me he dado cuenta que esto es un error, yo valgo mucho, me tengo que amar a mí misma; cosa que ni mi madre, ni ningún maestro jamás me ha enseñado. -la maestra estaba conmovida y unas lágrimas rodaron por sus mejillas-

- Señor, gracias por tus palabras, -me dijo- créame... de corazón te digo, que yo valoro mucho este mensaje que nos estás dando y, sabes por qué?

- Por qué? -le pregunté-

- Porque me haces acordar de todos los valores que mi abuelita me enseñó. -no pude evitar que mis ojos se llenaran de lágrimas... todos los chicos aplaudieron a la joven, la maestra se paró de su silla y la abrazó-.

Al terminar la clase, la maestra se me acercó aún emocionada y me dijo:
- Mil disculpas, si lo hice sentir mal.
- No, no se preocupe, yo entiendo.
- Aunque piense diferente sobre este tema, no puedo dejar de admirar la forma cómo logra cautivar e impactar a éstos chicos. Le deseo todo lo mejor y que ojala pueda convencer a muchos. De verdad, se lo digo.
- Gracias, maestra.

Ese día, viví una de las experiencias más gratificantes que he vivido en mi vida profesional, no sólo porque llegué al corazón de una joven, sino porque ese día, defendí con vehemencia algo que yo siempre he creído firmemente...

"Enseñarles a los jóvenes de hoy,
a Esperar hasta el Matrimonio"

22. NO DEJES QUE TE CONTROLEN.

Cada vez que tengo la oportunidad de hablar con padres de familia que me dicen que ya no saben qué hacer con sus hijos, les digo, que hay una regla muy clara y precisa que debemos tener muy en cuenta al momento de interactuar con ellos. La regla es muy simple: "O yo controlo a mi hijo,.. o él me controla a mí" y esta aplica para cualquier edad.

Pero cuando hablo de control, no sólo me refiero a que tengan el poder de alterar o dirigir nuestro comportamiento, también me refiero, al "control emocional"; es decir, a esa facilidad que tienen de manejar nuestras emociones hacia sus intereses. Porque si un papá o una mamá reacciona con coraje y termina agrediendo a su hijo, con palabras o hechos, para mí, eso es un claro ejemplo que es el chico quien está controlando los sentimientos del adulto.

Ya que de alguna manera, estaría ejerciendo cierta "autoridad" sobre su padre o madre para influir en el cómo debería actuar ante el problema. Una persona con control de sí mismo, por más enojada que esté, no se dejará alterar y, mucho menos, reaccionará de una manera inadecuada ante sus provocaciones.

Por el contrario, mantendrá la calma y la firmeza ante sus decisiones, lo que va a facilitar que el joven entienda que no hay ninguna opción ante el hecho de tener que cumplir las reglas.

Es de aclarar que este concepto: "control emocional" debe aplicarse en todos los aspectos de la vida diaria, pues esta habilidad es esencial en el manejo, control y solución de conflictos.

Mucha gente carece de esta cualidad, por eso, terminan haciendo bastante daño y lastimando a quienes más aman. O todo lo opuesto, acaban siendo muy permisivos o débiles ante ciertas circunstancias que requieren de mucha claridad y sensatez para que el conflicto no sea más grande.

Es por esta razón, que esta fábula que les presento a continuación, me parece muy bella y apropiada para entender esto que les estoy diciendo; pues en la vida he tenido que aprender que, en muchas ocasiones,

"Callar... es la mejor respuesta"

- Cerca de Tokio vivía un gran samuray ya anciano, que se dedicaba a enseñar a los jóvenes. A pesar de su edad, corría la fama de que todavía era capaz de derrotar a cualquier adversario. Cierta tarde, un guerrero conocido por su total falta de escrúpulos, apareció ante él.

Este guerrero, era famoso por utilizar la técnica de la provocación; esperaba a que su adversario hiciera el primer movimiento y, dotado de una inteligencia privilegiada contratacaba con velocidad fulminante.

Ferney Ramirez

El joven e impaciente luchador jamás había perdido una pelea. Con la reputación del samuray, se fue hasta allí para derrotarlo y aumentar así, su fama.

Todos los estudiantes se manifestaron en contra de la idea, pero el viejo aceptó el desafío. Todos juntos se dirigieron a la plaza de la ciudad y el joven comenzó a insultar al anciano maestro. Arrojó algunas piedras en su dirección, le escupió en la cara, le gritó todos los insultos conocidos, ofendiendo incluso a sus ancestros.

Durante horas hizo todo por provocarlo, pero el viejo permaneció impasible. Al final de la tarde, sintiéndose ya exhausto y humillado, el impetuoso guerrero se retiró.

Desilusionados por el hecho de que el maestro, sin defenderse, aceptara tantos insultos y provocaciones, los alumnos le preguntaron:

- ¿Cómo pudiste, maestro, soportar tanta indignidad? -dijo uno-

INSPIRACIÓN

- ¿Por qué no usaste tu espada, aún sabiendo que podías perder la lucha, en vez de mostrarte cobarde delante de todos nosotros? -preguntó otro-

El maestro les preguntó:

- Si alguien llega hasta ustedes con un regalo y ustedes no lo aceptan, ¿a quién le sigue perteneciendo el obsequio?

- A quien intentó entregarlo, -respondió uno de los alumnos-

- Lo mismo sucede con la envidia, la rabia y los insultos. -argumentó el maestro-

...Cuando no se aceptan, continúan perteneciendo a quien los llevaba consigo.

23. CORRIGE TUS HIJOS A TIEMPO.

Uno de los grandes errores que veo en algunos padres de hoy, es que no les dan responsabilidades a sus hijos porque, según ellos, están "chiquitos", "todavía no pueden" o "no saben" Y asumen esta realidad como una excusa, que más tarde, muchas dificultades les traerá. Pues los hijos se van a "acostumbrar a como uno los acostumbre"

Yo pienso todo lo contrario, creo que entre más chiquitos, es cuando más "pequeñas" responsabilidades les debemos dar, obviamente, de acuerdo a sus posibilidades. Si yo a mi hija, le enseño desde chica a que recoja todo su tiradero y que se duerma a una hora específica... Si con firmeza y amor, hago prevalecer estas reglas, lo más seguro es que para cuando crezca, el cumplir estas normas, no va a ser ningún problema porque ya va tener el hábito de hacerlo.

INSPIRACIÓN

De hecho, así es. Hoy puedo decir, que estoy viendo el resultado de muchas reglitas "tontas" que le pusimos de pequeña; ahora que está entrando a la pre-adolescencia, no es necesario "batallar" con ella, pues mi hija ya sabe lo que tiene que hacer.

Y esto se los menciono porque esta forma de pensar nació en mí cuando yo era muy chico. Recuerdo que de niño, en mi barrio, con mis amigos y sus papás, todos los días, en época de vacaciones, salíamos a hacer deporte en la madrugada.

Nos levantábamos muy temprano, como a eso de las cinco de la mañana, corríamos y terminábamos jugando football hasta que el día aclaraba. Fue una época maravillosa, llena de momentos inolvidables.

En cierta ocasión, como de costumbre, salimos a hacer nuestra rutina de ejercicios, la mañana estaba muy fresca y amenazaba con llover.

Ferney Ramirez

Aún así, no nos importó, pues a esa edad, no hay nada que nos haga desistir de lo que queremos hacer. Corríamos y de repente empezó a lloviznar un poco fuerte. En ese momento, el papá de mi amigo Arturo -don Mario- que venía a mi lado, nos sugirió que esperáramos un poco porque la lluvia nos podía enfermar. -Nosotros veníamos muy atrás de los demás-

Acatamos su sugerencia y nos aguardamos bajo el techo de una casa que quedaba justo a todo en frente de la cárcel de mi pueblo. Cuando estábamos parados allí, -con un poco de frio- Mirando a su hijo, don Mario interrumpió el silencio diciendo:

- Arturo, léame lo que dice allá. -dijo-
- Dónde?
- Allá… -y señaló la pared donde estaba la entrada principal de la cárcel-
- "Corrige al niño de hoy… para que no castigues al adulto del mañana" -leyó-

- Hijo… La gente que está ahí es porque ha cometido algún delito, por eso, es que yo te corrijo para que nunca tengas la necesidad de estar aquí.
- Me entendiste?
- Sí, señor.
Y mirándome, me dijo:
-Nunca hagas algo indebido porque si no aquí vienes a parar. -me tomó del hombro y me sonrió-
- Sí, señor. -le respondí-
- Sigamos que ya paró de llover. -nos dijo-

Siempre conservo en mi mente esta escena porque esas palabras se quedaron grabadas en mi consciencia. Es increíble cómo esa pequeña frase llena de sabiduría, se convirtió para mí en una regla de oro, en un mandato que no sólo me ha protegido del peligro, de las malas amistades y las malas decisiones…

También, esta premisa se ha convertido en aquella pauta de crianza inteligente que hoy me guía en la forma que debo educar a mi hija, para hacer de ella, una gran persona.

Por eso, trato todos los días de ser el papá ejemplar que mi niña necesita, procuro ser su orgullo, su ejemplo de vida. En lo posible, hago todo lo que esté a mi alcance para corregirla con amor y respeto; para que el día de mañana jamás vaya a una prisión, esté tomando malas decisiones o haciendo el mal a los demás.

La corrijo con firmeza y dulzura, aunque a veces, me duela el verla llorar porque está frustrada o enojada. Es mi responsabilidad, mi deber, porque algo que tengo muy claro es que…

"Prefiero sentirme culpable unos minutos, y no sentirme culpable toda la vida".

24. NUNCA PIERDAS LA ESPERANZA.

Hay momentos en la vida donde quisiéramos desistir y abandonar todo por lo que hemos luchado; tal vez... porque la adversidad se hace más fuerte que la voluntad o porque vemos que la meta aún está muy lejos y las fuerzas se nos agotan. Pero sea cual sea, la verdadera razón, es precisamente, en éstos momentos, donde con más fuerza tenemos que luchar. A todos nos ha pasado, esto hace parte de la conquista y del éxito.

Todos los triunfadores han tenido que pasar por éstos tiempos de zozobra, pues se tienen que hacer muchos ensayos para llegar al descubrimiento; es un principio de lógica. Lo que pasa es que llega el momento, donde dejamos de confiar en nosotros mismos porque le damos más valor al resultado que al proceso y, es justo aquí, donde empezamos a desistir.

Yo creo que el peor error que uno puede cometer en la vida, es darse por vencido, no importa por lo que se esté luchando, pues al final, toda lucha tiene su recompensa. El problema es que en ocasiones, preferimos el confort, la vida cómoda y esto es lo que hace que pensemos que el "sacrificio" no vale la pena.

Para mucha gente es más placentero el vivir "bien" que el luchar por su felicidad y cuando esto sucede, la mediocridad y el conformismo empiezan a hacer parte de su vida diaria.

Siempre he pensado, que aún ante el problema más grande y difícil de afrontar, debemos mantenemos fuertes y seguros de lo que somos, porque esto es lo que nos va a dar la luz para resolver cualquier adversidad que la vida nos presente.

Ejemplo de esto, es la historia de un joven Alemán con problemas de sordera, que no escuchaba en absoluto ningún sonido y que

INSPIRACIÓN

llego a convertirse en un gran músico que escribió las mejores sonatas y partituras de música clásica, tan perfectas y melodiosas que ningún otro escritor contemporáneo ha podido componer, me refiero a Ludwig van Beethoven.

Yo me imagino que entre su problema de sordera y su sueño de ser compositor había un gran abismo, tan enorme que para cualquier ser pensante, lo lógico sería que esto jamás podría suceder... pero ahí está mi reflexión, cuando una persona cree profundamente en sí mismo, en todo lo que puede lograr, así todos los vientos soplen en su contra, su autoestima, lo hará vencedor, por encima de sus limitaciones.

Lo importante es que no dejemos apagar esa luz interna que llevamos dentro de nosotros y que en últimas, es la que nos guía hacia la búsqueda de nuestra felicidad. El día que permitamos que esa luz se apague, todos nuestros sueños e ideales en la vida, se van a venir abajo.

Siempre he creído que el secreto del buen vivir no está en lo que consigues o en la meta a la que llegas… sino en el camino que recorriste y en las batallas que venciste para lograr tus propósitos. Esa es la clave de todo.

Recuerdo que mi madre siempre decía: "La Esperanza es lo último que se pierde". Este principio de vida ha estado presente en mi mente y cada vez que me enfrento a situaciones personales que creo no poder manejar… cosa curiosa, de ahí me sale la fuerza de voluntad necesaria para no dejarme arrastrar por el desespero.

Por eso, esta reflexión positiva que te voy a describir, refuerza esta enseñanza que siempre va a permanecer en mi memoria como esa hermosa lección que una vez aprendí en casa. El cuento dice:

INSPIRACIÓN

- Cuatro velas se quemaban lentamente dentro de una habitación. En el ambiente había tanto silencio que se podía oír el diálogo que mantenían.

La primera dijo:

- ¡YO SOY LA PAZ!...
Pero las personas no consiguen mantenerme en sus corazones, creo que me voy a apagar.

Y, disminuyendo su fuego rápidamente, se apagó por completo.

Dijo la segunda:

- ¡YO SOY LA FE!... Lamentablemente a los hombres les parezco superflua y carente de sentido. Las personas no quieren saber de mí. No tiene razón de ser permanecer encendida.

Cuando terminó de hablar, una brisa pasó suavemente sobre ella y se apagó.

Rápida y triste la tercera vela se manifestó:

- ¡YO SOY EL AMOR!... No tengo fuerzas para seguir encendida. Las personas me dejan a un lado y no comprenden mi importancia. Se olvidan hasta de aquellos que están muy cerca y les aman.

Y, sin esperar más, se apagó.

De repente…

Entró un niño y vio las tres velas apagadas.

- Pero, ¿qué es esto? Deberían estar encendidas hasta el final. Al decir esto, comenzó a llorar.

Entonces, la cuarta vela habló:

- No tengas miedo pequeño, mientras yo tenga fuego, podremos encender las demás velas. - ¡YO SOY… LA ESPERANZA!

Con los ojos brillantes, agarró la vela que todavía ardía y encendió las demás. Y de nuevo, la PAZ, la FE Y el AMOR VOLVIERON A RENACER

¡Que la esperanza nunca se apague dentro de tu corazón!

25. NO SUB-ESTIMES A NADIE.

Algo que la vida me ha enseñado es a no sub-estimar a los demás, esto significa el pensar o creer que los otros no pueden o no comprenden las cosas como nosotros. Y esto lo veo muy frecuente en algunos padres cuando se refieren a sus pequeños hijos diciendo: "este muchacho no va a servir para nada, es muy flojo", "es mejor que le enseñe a trabajar porque no le gusta estudiar" o "de mis dos hijas, Lupita es la más lista" etc. Creemos que porque son de cierta manera, así van a ser.

Y resulta que no, la vida da muchas vueltas y las personas pueden cambiar, siempre he sido un gran convencido de esto. Yo creo en el poder de la voluntad, cuando una persona elige ser o vivir diferente, si así lo decide y pone todo su empeño en lograrlo, tarde o temprano, lo conseguirá.

Con quienes más nos llevamos sorpresas de este tipo son con los adolescentes; ya que hay chicos que, al pasar por esta edad, se vuelven rebeldes, retadores, no sólo con sus padres, también con todo aquello que represente autoridad. Realidad que conlleva a que éstos jóvenes sean rechazados y "etiquetados" como los niños "problema" para la familia o la escuela. Situación, que en muchos casos, altera significativamente, su autoestima y valía personal.

Cuando encontramos chicos como éstos, siempre solemos pensar que en el futuro, van a ser un conflicto para la sociedad, un fracaso y una carga para sus padres. Tendemos a creer que no tienen sueños y que lo más posible, es que terminen siendo una problemática mayor, de lo que son en la actualidad.

Como adultos damos por hecho que los niños disciplinados, respetuosos e inteligentes, son los que, de cierta forma, ya tienen su "futuro asegurado", porque asumimos como "etiqueta" que este es el perfil típico de los triunfadores. Y resulta que no siempre es así... Es justo este, el punto de mi reflexión.

Yo creo que la gente madura, -bueno... no todos- Las circunstancias lo llevan a uno a cambiar la forma de pensar y esto pasa con los jóvenes; cuando ya tienen que responder por un trabajo, una familia y unos deberes económicos, su mentalidad, necesariamente, tiene que cambiar.

Y es aquí en este preciso momento donde pueden ocurrir dos situaciones: Primero, los chicos "malos" o "conflictivos" pueden madurar y reorientar su vida hacia la búsqueda de sus sueños... O segundo, los chicos "buenos" en realidad eran unos niños que estaban acostumbrados a agradar a sus padres y ahora que tienen que enfrentar la realidad por ellos mismos, no saben cómo hacerlo. Se les dificulta tomar decisiones y les da miedo asumir responsabilidades. Por eso, muchos de ellos, no se quieren ir de casa porque prefieren seguir viviendo cómodos con sus papás... realidad bastante común en las familias de hoy.

Cuando los hijos logran independizarse de sus padres y deben tomar decisiones por sí mismos, es cuando la rebeldía se convierte en coraje para enfrentar los desafíos de la vida. Esta es una experiencia que todos, de una u otra forma, hemos tenido que vivir.

- Todo esto que les estoy mencionando, lo viví en carne propia. Antes de ser psicólogo, fui maestro por algunos años, trabajaba como profesor de Filosofía e Historia en una secundaria de niños ricos en el norte de Bogotá. Este gran reto de enseñar a adolescentes ha sido fundamental en mi vida profesional.

INSPIRACIÓN

En esta escuela conocí a Christian, un joven muy inteligente pero bien flojo para estudiar, era el típico vago que no quería hacer nada, iba a la escuela porque sus padres lo obligaban. Era el dolor de cabeza de los maestros porque no entregaba tareas, se dormía en clase y no ponía atención.

Sin embargo, algo que me llamaba la atención de este chico, es que era muy respetuoso e inquieto intelectualmente. El problema era que no le gustaba el estudio. Obviamente, el concepto que teníamos todos los maestros de él era muy negativo y comentábamos entre nosotros que a lo mejor su futuro no iba a ser prometedor; sobretodo, en el estatus social donde este pertenecía.

Christian y yo hablábamos con frecuencia, siempre me buscaba para "filosofar", pues se sentía muy atraído por éstos temas de filosofía, lo que facilitó el que yo pudiera conocer un poco más de su vida.

Ferney Ramirez

El chico, como pudo terminó su secundaria y se fue del colegio, desde ahí perdí contacto con él, jamás volví a verlo. Yo también me retiré de esta escuela para terminar mis estudios de psicología.

El tiempo pasó, y unos años después, empecé a trabajar para una compañía y, en uno de mis viajes de trabajo, estando en un aeropuerto esperando mi hora de vuelo, un joven muy bien presentado vestido de piloto se me acercó y me dijo:

- Hola profesor Ferney, ¿me recuerdas?
- ¿Eres Christian, verdad? -me sorprendí-
- Así es. -me dio un fuerte abrazo-
- ¡Muchacho, ¿qué has hecho de tu vida?!
- Después que me gradué, vagué un tiempo pero después estudié para ser piloto.
- Y tú… ¿Sigues en la escuela?
- No, yo también hice un cambio en mi vida.
- ¿Te acuerdas como era? -le dio risa-
- Claro que sí. Pero te felicito hijo porque no te quedaste siendo el mismo.

- La vida me ha hecho cambiar. He vivido momentos muy difíciles -unas lágrimas se le salieron de sus ojos claros-
- Ahora estás entendiendo muchas cosas…
- Nunca olvido todo lo que hablábamos. Gracias, maestro. -Y con un fuerte abrazo, nos despedimos-

Jamás me imaginé que ese joven travieso y sin responsabilidades, hoy en sus manos tuviera la gran "responsabilidad" de salvaguardar tantas vidas a la vez. Nunca me imaginé que ese chico llegara a tener éxito, siempre pensé que iba a ser un problema para sus papás. Pero ese día me impresionó y me dio una gran lección:

¡Nunca sub-estimes a nadie,
porque del que menos esperas,
más te sorprenderá,
y del que más esperas… más te defraudará!

26. TEN RESPETO POR LOS DEMÁS

El tener respeto por los demás, sin importar cuan humildes o iletrados sean, refleja la grandeza de un ser humano. Las personas entre más sabias son, más humildes se hacen, esta cualidad muy pocas personas la llevan consigo, pues el llegar a este momento de la existencia implica el ir más allá de los estereotipos sociales.

Lo que realmente importa es el ser humano, la persona. El que sea doctor, campesino, rico, pobre, bueno o malo; son definiciones circunstanciales que pueden variar con el paso del tiempo.

Yo he sabido de hombres ricos que lo perdieron todo y terminaron su vida en una pobreza extrema; es más, no aguantaron el dolor de la pérdida y terminaron acabando con su propia existencia.

INSPIRACIÓN

Y también conozco la otra realidad, personas muy pobres, que nacieron y crecieron en ambientes de miseria, pero gracias a sus talentos deportivos o artísticos, hoy gozan de una vida llena de lujos y extravagancias. Así es la vida, a unos les da y a otros les quita.

Por eso, "Nadie es más que nadie, ni menos que nadie", cada uno es un ser único, valioso, que es definido por la cultura y la idiosincrasia donde crece y se desarrolla; somos el resultado de una forma de pensar, nos determina el momento histórico donde nos tocó vivir.

El ser respetuoso con los demás, implica el ser tolerante, entender que el otro piensa diferente a mí, vive su sexualidad y tiene creencias religiosas y políticas distintas a las mías y, no por eso, debo rechazarlo o hacerle daño.

Esa conducta de rechazo e intolerancia hacia los demás cuando no piensan como nosotros, se llama IGNORANCIA.

Desafortunadamente, el mundo de hoy, se está llenando de odio, porque está prevaleciendo la ignorancia sobre la racionalidad... es totalmente contradictorio que en nombre de un Dios o una Religión se maten a tantas personas.

Peor aún, es completamente ilógico que en algunos países no haya dinero para alimentar a tantos niños que viven en la pobreza absoluta pero si gasten millones de dólares en guerras absurdas, carentes de sentido, sólo por conseguir poder.

La sociedad de hoy está en una guerra de "ignorantes" porque se perdió este gran principio de vida: 'No hagas a los demás lo que no quieras que te hagan a ti"... frase célebre de los abuelos y padres de ayer que inculcaban a sus hijos el sentido mínimo de respeto y convivencia.

El día que recuperemos ese gran valor, podremos vivir en armonía; en el vecindario, en la ciudad, en el país, en el mundo. Por eso, el gran pensador, defensor de los derechos humanos, Benito Juárez, decía: "El respeto al derecho ajeno es la Paz"

Si esto no lo hacemos, la humanidad estará condenada a vivir en una guerra perpetua, tal como hasta ahora lo ha sido... y si seguimos así, nos habremos convertido en el ser más irracional que existe sobre la faz de la tierra porque es el único ser que se destruye a sí mismo, sin ninguna causa justificable.

En este orden de ideas, encontré una reflexión muy bonita que nos lleva a preguntarnos... a la hora de la verdad, ¿quién le sirve a quién? ¿quién engaña a quién? en esta guerra absurda, ¿quién se beneficia de quién?

- Se cuenta que en una ciudad del interior, un grupo de personas se divertían con el tonto del pueblo, un pobre infeliz de poca inteligencia, que vivía haciendo pequeños recados y recibiendo limosnas.

Diariamente, algunos hombres llamaban al tonto al bar donde se reunían y le ofrecían escoger entre dos monedas: una de tamaño grande pero de tan solo 50 centavos y otra moneda de menor tamaño pero de un peso. Él siempre tomaba la más grande y menos valiosa, lo que era motivo de risas para todos.

Un día, alguien que observaba al grupo divertirse con el inocente hombre, lo llamó aparte y le preguntó si todavía no había percibido que la moneda de mayor tamaño valía menos... y este le respondió:

- "Lo sé señor, no soy tan tonto como parece, esa moneda que escojo vale la mitad que la otra, sí lo sé,..

- Lo que sucede es que el día que escoja la otra, el jueguito se acaba y no voy a poder ganar más monedas".

De esta historia se pueden concluir dos enseñanzas:

- La primera: Quien parece tonto, no siempre lo es.
- La segunda: ¿Quiénes son los verdaderos tontos de la historia?

Yo creo que el ser humano con el pasar del tiempo, cuando sufra las consecuencias de su ambición, cuando haya explotado todos los recursos naturales para satisfacer los intereses económicos de unos enfermos por el poder, cuando el hambre y la falta de agua produzca miseria y enfermedades… es justo aquí cuando llegará a este mismo cuestionamiento: a la hora de la verdad,

¿Quiénes fueron los verdaderos tontos…
de esta historia?

27. NO TE APEGUES A NADA.

Cuando uno aprende a vivir con la firme convicción de que nada se va a llevar cuando se muera, desarrolla la gran capacidad de no aferrarse a nada ni a nadie, pues todo es pasajero y circunstancial. Cuando el ser humano vive con "apegos", limita su existencia, se vuelve esclavo de aquello que cree que le pertenece y que debe tenerlo consigo para siempre.

Incluso, las dificultades de la vida también son pasajeras, hacen parte de un momento concreto, de un instante que exige de nosotros suprema atención y dedicación. Como dicen en mi pueblo: "no hay mal que dure cien años ni cuerpo que lo resista". Así pues, aunque sean momentos de dolor y tristeza… éstos pasarán.

INSPIRACIÓN

Y esto lo digo porque a veces, tendemos a preocuparnos tanto por las cosas, que no nos ocupamos de ellas y terminamos venciéndonos antes de tiempo, sin siquiera hacer la lucha, porque es más fácil evadir los problemas que enfrentarlos. Los conflictos nos pueden generar tanta inseguridad que nos llevan a darles una importancia exagerada... el resultado: sentimientos de impotencia, frustración o alguna alteración mental o emocional.

De la autoestima y seguridad de cada uno, va a depender, en gran parte, "si los problemas nos manejan o nosotros manejamos los problemas". Porque hay situaciones de la vida que no podemos controlar... Lo que sí podemos controlar es que esas circunstancias no nos afecten y desequilibren.

Por ejemplo, yo no puedo controlar el que la compañía donde trabajo se vaya a la quiebra y por esa razón, haya despidos y pierda el trabajo. Yo no puedo evitar eso; no dependía de mí hallar la solución para que este conflicto no se hubiera dado.

Lo que sí está en mis manos controlar, es que el quedarme sin trabajo no me lleve a la depresión, al desespero o que por este motivo agreda a mi esposa e hijos.

Una forma de enfrentar este conflicto, sería buscar alternativas; salir a pedir trabajo, decirles a mis amigos que me ayuden a encontrar uno, hacer mi propio negocio o mudarme a otra ciudad, etc.

Hay muchas posibles soluciones, lo que pasa es que una persona insegura, no las encuentra... alguien que esté aferrado a las cosas, cree que ese lugar era el único sitio donde él debía trabajar toda la vida. Como si en el momento de su nacimiento le hubiesen heredado ese puesto de trabajo. Así piensan las personas que sufren de apego, por eso, es que se hacen tanto daño.

La gente que vive sin apegos, sabe que esto es pasajero, que no es ni la primera ni la última vez que puede suceder; esto ocurre en todas partes, en todas las compañías, hasta en las más prestigiosas;

INSPIRACIÓN

"Ayer le tocó a mi compadre, hoy me tocó a mí, mañana a ti"... Así es la vida.

Por eso, si quieres vivir tranquilo, sin apuros, métete en la cabeza que todo pasa, porque "nada es eterno en el mundo". Para iluminar más esto que te digo, te comparto esta maravillosa historia.

Cuenta la leyenda, que hubo una vez un rey que dijo a los sabios de la corte:

- Me estoy fabricando un precioso anillo y para ello, he conseguido uno de los diamantes más hermosos que existen.

- Quiero guardar oculto dentro del anillo algún mensaje que pueda ayudarme en momentos de desesperación total y que ayude a mis herederos para siempre. Tiene que ser un mensaje pequeño, de manera que quepa debajo del diamante del anillo.

Todos quienes escucharon eran sabios, eruditos; podrían haber escrito grandes tratados, pero darle un mensaje de no más de dos o tres palabras que le pudieran ayudar en momentos de desesperación total... era casi imposible.

El rey tenía un anciano sirviente que también había servido a su padre. La madre del rey murió pronto y este buen hombre cuidó de él, por tanto, lo trataba como si fuera de la familia. El rey sentía un inmenso respeto por el anciano, de modo que también lo consultó. Este le dijo:

- No soy un sabio, ni un erudito, ni un académico, pero conozco el mensaje. Durante mi larga vida en palacio, me he encontrado con todo tipo de gente, y en una ocasión me encontré con un místico.
Era invitado de tu padre y yo estuve a su servicio. Cuando se iba, como gesto de agradecimiento, me dio este mensaje... -el anciano lo escribió en un diminuto papel, lo dobló y se lo dio al rey-
- Pero no lo leas, -le dijo-, mantenlo escondido en el anillo.

INSPIRACIÓN

- Ábrelo sólo cuando todo lo demás haya fracasado y no encuentres salida a la situación.

Ese momento no tardó en llegar. El país fue invadido y el rey perdió el reino. Estaba huyendo en su caballo para salvar su vida y sus enemigos lo perseguían. Estaba sólo y los perseguidores eran numerosos. Llegó a un lugar donde el camino se acababa, no había salida: enfrente había un precipicio y un profundo valle; caer por él sería el fin. No podía volver porque el enemigo le cerraba el camino, escuchaba el trotar de los caballos, no podía seguir hacia delante y no había otro camino. De repente, se acordó del anillo. Lo abrió, sacó el papel y allí encontró un pequeño mensaje tremendamente valioso que decía:

"ESTO TAMBIÉN PASARÁ".

Mientras leía "esto también pasará" sintió que se cernía sobre él un gran silencio. Los enemigos que le perseguían debían haberse perdido en el bosque o se habían equivocado de camino, pero lo cierto es que, poco a poco, dejó de escuchar el trote de los caballos.

El rey se sentía profundamente agradecido con el sirviente y el místico desconocido. Aquellas palabras habían resultado milagrosas.

Dobló el papel, volvió a ponerlo en el anillo, reunió a sus ejércitos y reconquistó el reino. Y el día que entraba de nuevo victorioso en la capital hubo una gran celebración con música, bailes... él se sentía muy orgulloso de sí mismo. El anciano estaba a su lado en el carro y le dijo:

- Este momento también es adecuado: vuelve a mirar el mensaje.
- ¿Qué quieres decir? -preguntó el rey-

- Ahora estoy victorioso, la gente celebra mi vuelta, no estoy desesperado, no me encuentro en una situación sin salida.

- Escucha, -dijo el anciano- este mensaje no es sólo para situaciones desesperadas; también es para momentos placenteros.
No es sólo para cuando estés derrotado; también es para cuando te sientas victorioso
No es sólo para cuando seas el último; también es para cuando seas el primero.

INSPIRACIÓN

El rey abrió el anillo y leyó el mensaje:
- "ESTO TAMBIÉN PASARÁ", -nuevamente sintió la misma paz, el mismo silencio, en medio de la muchedumbre que celebraba y bailaba, pero el orgullo y el ego, había desaparecido. El rey pudo terminar de comprender el mensaje, se había iluminado.

Entonces el anciano le dijo:
- Recuerda que todo pasa. Ninguna cosa ni ninguna emoción son permanentes, son como el día y la noche.

¡Grábate muy bien esto en tu corazón!

28. USA PALABRAS PARA CONSTRUIR.

Creo en el poder de la palabra, en las consecuencias emocionales, positivas o negativas, que estas puedan ocasionar en una persona cuando se usan, ya sea para resaltar y elogiar una cualidad o para reprobar una actitud o conducta.

En el primer caso, el beneficio psicológico sería que la persona se motiva y se esfuerza más en seguir luchando para conseguir mayores resultados y así, obtener más aprobación y reconocimiento.

En el segundo caso, el resultado sería, un bloqueo o invalidación que traería consigo una desmotivación y falta de interés para seguir esforzándose, porque dañaría su autoestima y valía personal, situación que alteraría, en gran parte, su sano desarrollo psicológico y emocional.

INSPIRACIÓN

Esta problemática se ve muy palpable en muchos adolescentes que no tienen buena relación con sus padres. Están tan acostumbrados a la crítica y desaprobación de ellos, que pierden el deseo de superarse y tener logros en la vida. Nada les importa, les da igual si estudian o no, es como si hubiesen perdido la capacidad de agradarse a sí mismos. Todo esto se da por el daño emocional que produce el estar expuestos constantemente a su rechazo.

"No sirves para nada", "Eres un tonto", "Por qué eres tan burro para las matemáticas?" Vocablos como éstos, con el tiempo, dañan profundamente la estima de los chicos... y es peor aún, cuando los comparamos con sus hermanos. "Por qué no eres como Luis, él sí es inteligente, en cambio, tú no"

Afirmaciones negativas como estas, no sólo lastiman la auto-valoración del niño, también pueden originar un repudio y coraje hacia su hermano, tanto que puede llegar a odiarlo o hacerle daño. Esto es más frecuente de lo que los mismos padres piensan; por esta razón, es que muchas veces, las peleas entre ellos se dan tan a menudo.

Estas formas inadecuadas de referirse a los hijos, pueden darse, de igual modo, con la pareja: "Ni para criar hijos sirves" le decía un señor a su esposa. "Eres un estúpido, egoísta, que lo único que te importa son tus amigos y no tus hijos", le contestaba ella. Lo más probable es que éstos terminen agrediéndose físicamente. ¿Es esto un diálogo positivo entre dos personas que, supuestamente se aman?... y lo peor de todo, ¿es esta la forma correcta de afrontar los conflictos delante de los hijos?

Desafortunadamente, muchas parejas, se agreden verbalmente en frente de ellos, se gritan y dicen palabras ofensivas en su presencia, lo que no sólo les afecta a nivel psicológico, también les genera, un patrón de conducta disfuncional que el día de mañana, lo más probable, van a repetir. Esto es lo triste de todo, que la cadena de violencia se repite de una generación a otra.

La propuesta mía es que rompamos esas cadenas, esos patrones inadecuados que vimos en casa, nuestros hijos no tienen por qué "pagar los platos rotos"… Ni ellos ni nuestra pareja, son los culpables de lo que a nosotros nos hicieron. Démosles el hogar, el amor, el ambiente familiar que a lo mejor no tuvimos.

Creemos puentes de acercamiento con los hijos, no murallas que nos aíslen de sus vidas; cambiemos el vocabulario negativo por afirmaciones positivas: "Hijo tú eres brillante", "inteligente", "tú eres capaz, eres talentoso" Yo creo que les genera más empoderamiento que les digas "Tú puedes" a que les digas, "Eres un tonto".

Ferney Ramirez

Aunque no lo crean, los grandes cambios, empiezan con pequeñas acciones. ¡SI SE PUEDE! Si no me crees, reflexiona sobre este mensaje:

- No hace mucho tiempo, dos hermanos que vivían en granjas adyacentes cayeron en un conflicto. Este fue el primer problema serio que tenían en treinta años de cultivar juntos, hombro a hombro, compartiendo maquinaria e intercambiando cosechas y bienes en forma continua.

Comenzó con un pequeño malentendido y fue creciendo hasta que explotó en un intercambio de palabras amargas, seguido de semanas, meses y años de silencio.

Una mañana, alguien llamó a la puerta de la casa de Luis. Al abrir, encontró a un hombre con herramientas de carpintero.

- "Estoy buscando trabajo por unos días", -dijo el extraño- "quizás usted requiera algunas pequeñas reparaciones aquí en su granja y yo pueda ser de ayuda en eso".

INSPIRACIÓN

- "Sí", -dijo el mayor de los hermanos- tengo un trabajo para usted...
Mire al otro lado del arroyo, en aquella granja vive mi vecino, bueno; de hecho, es mi hermano menor.

- La semana pasada había una hermosa pradera entre nosotros pero él desvió el cauce del arroyo para que quedara entre nosotros. Él pudo haber hecho esto para enfurecerme, pero le voy a hacer una mejor.

- ¿Ve usted aquella pila de desechos de madera junto al granero? Quiero que construya una cerca de dos metros de alto, no quiero verlo nunca más.
El carpintero le dijo:
- "Creo que comprendo la situación".

El hermano mayor le ayudó al carpintero a reunir todos los materiales y dejó la granja por el resto del día para ir por provisiones al pueblo. Cerca del ocaso, cuando el granjero regresó, el carpintero justo había terminado su trabajo.

El granjero quedó con los ojos completamente abiertos, su quijada cayó.

No había ninguna cerca de dos metros. En su lugar había un PUENTE que unía las dos granjas a través del arroyo. Era una fina pieza de arte, con todo y pasamanos.

En ese momento, su vecino, su hermano menor, vino desde su granja y abrazando a su hermano mayor le dijo:

- "Eres un gran hombre, mandaste a construir este hermoso puente después de todo lo que he hecho y dicho de ti". Perdóname hermano mío, perdóname.

Estaban en su reconciliación los dos hermanos, cuando vieron que el carpintero tomaba sus herramientas.
- "No… espera; quédate unos cuantos días, tengo muchos proyectos para ti", -le dijo el hermano mayor al carpintero-

- "Me gustaría quedarme", -dijo el carpintero- "pero aún tengo muchos puentes por construir".

¡CONSTRUYE PUENTES… NO MUROS!

29. NO PERMITAS QUE TE ENSUCIEN.

Mi abuelo Horacio fue un gran hombre, un viejo sabio, lleno de mucha alegría, es lo poco que me acuerdo de él. Yo era su consentido, quizás por ser su primer nieto, me amaba, lo sentía, siempre me llevaba con él a todas partes. Él murió cuando aún yo estaba muy pequeño, nunca olvido cómo lloré ese día, me dolió en el alma su partida.

Todavía lo recuerdo con gran cariño, porque un niño jamás olvida a aquellos que "lo hicieron sentir grande". De hecho, nunca olvidaré lo que pasó un día debajo de aquel árbol de limón.

- Tenía como cinco años de edad y en el patio de mi casa, estaba un árbol de limones, yo jugaba con un lindo carrito que mi abuelo me había comprado para aquellos días, estaba tan concentrado en mi juego, que no me percataba que arriba del arbusto, había un palomar -una casita de palomas- y algunas de ellas estaban haciendo sus necesidades justo encima de mí. Todo su "popó" me caía en la cabeza y espalda y aunque sentía el calorcito de sus desechos, simplemente, las miraba, me limpiaba pero no hacía nada para que esto no volviera a suceder.

Mi abuelo estaba observándome, esperando a ver cuál iba a ser mi reacción, y aunque siempre me había caracterizado por ser un niño noble y tranquilo, ese día, creo que me excedí, porque el anciano al ver que yo seguía ahí como si nada, se paró de la silla, vino hacia mí bien enojado... y me dijo:

- ¿No te das cuenta lo que está pasando?
- ¿Qué? -le dije sin saber a qué se refería-
- Esas palomas te están "cagando", verdad?
- Sí.
- Entonces ¿por qué no te quitas de ahí?
Me quedé callado porque no sabía qué responderle.

- No sé.
- Hijo, nuca permitas que nadie te ensucie, jamás dejes que nadie te "cague" la vida... ni siquiera una paloma.

- No dejes que nadie te lastime, que hagan contigo lo que quieran. Esa paloma te está ensuciando porque tú lo estás permitiendo, si tú te quitas de ahí, se acaba el problema. O es que te gusta que la paloma tire toda su basura en tu cabeza?
- No.
- Entonces quítate de ahí y vete a jugar a otro lado.

Esta es la enseñanza más bella que aún conservo del abuelo porque esta lección de vida me ha servido para nunca dejarme pisotear de nadie, para saber retirarme a tiempo de una falsa amistad, renunciar en el debido momento a una relación tóxica y sobretodo, para prevenir una situación que me puede llevar a conflictos mayores.

Ayer fue una paloma, pero en el transcurso de mi vida, han sido muchos los "amigos" que han querido "ensuciar" mi vida.

Lo que pasa es que a diferencia de aquel niño, esta vez sí he sido yo el que no lo he permitido, he sabido con mucha fortaleza quitarme oportunamente de los distractores para evitar dañar mis sueños, mi futuro. No importa si eso, en algunos momentos, me haya traído consecuencias emocionales fuertes; el precio ha valido la pena. Hoy gozo de mucha estabilidad en mi vida y es gracias a ese carácter que aquel sabio viejo sembró en mí.

Y lo digo con orgullo, porque algo que me define y hace ser lo que soy, es todo lo que he vivido, pues…

- El saber escoger bien a mis amistades, me ha protegido de estar en una cárcel.
- El no dejarme manipular de nadie para conseguir sus intereses, me ha llevado algunas veces, a quedarme sólo…

Pero sintiéndome orgulloso de mí mismo, de mis decisiones.

- El ponerle Límites a los demás ha sido motivo de críticas y rechazo; pero gracias a ello, vivo en paz conmigo mismo y con la vida, pues a nadie le debo nada.

- El no dejarme convencer para hacer cosas que están en contra de mis valores, me ha hecho perder muchas oportunidades de ganar bastante dinero...

Pero nada de esto importa, porque gracias a lo que soy, hoy he conseguido lo que más me hace feliz: Una mujer maravillosa que me ama, una hermosa hija que me inspira y un trabajo digno que me hace crecer como persona.

Y todo esto, en últimas, gracias a...
¡Una hermosa Paloma!

30. AMA SIN ATADURAS.

De las necesidades más importantes del ser humano, además de las físicas como el comer o dormir, está la necesidad de amar y ser amado. Sentir que eres importante para alguien, ser ese centro de atención para la persona que amas, recibir toda clase de manifestaciones de afecto, elogios y reconocimientos del ser que se quiere; es la experiencia más sublime que todo individuo puede experimentar.

Además de todo esto, sentir que el aprecio y la aceptación del otro está por encima de tus defectos y limitaciones, produce una satisfacción indescriptible que ningún otro beneficio material o económico puede llegar a reemplazar.

De hecho, cuando las personas carecen de esta necesidad emocional, sean niños o adultos, empiezan a desarrollar una serie de conductas disfuncionales que surgen como una reacción o mecanismo de "defensa" para lograr obtener esto que es básico para el sano equilibrio mental del ser humano.

Por esta razón, hay personas, que sin importar su edad, quieren llamar la atención, asumen conductas exageradas para querer, a fuerza, obtener exclusividad; en el niño, de su mamá o papá... en el adulto, de su pareja.

Estas conductas exageradas, asfixian o frustran a la gente que convive con ellos porque sin importarles las necesidades del otro, quieren sentirse únicos, desean que dejen de lado cualquier responsabilidad que tengan para que se dediquen "exclusivamente" a atenderlos. Situación que muchas veces, es conflictiva, porque las otras personas también necesitan tener su espacio, momentos para compartir con sus amistades o familiares; lo que ocasiona enfrentamientos y discusiones sin sentido.

Es muy común ver esta realidad en parejas que no saben manejar adecuadamente esta problemática, puesto que desean tener control absoluto sobre la otra persona porque así sacian ese sentimiento de posesión. Con esta manera negativa de actuar, consiguen "mantener' consigo a la persona que "quieren".

Es una forma de asegurar su permanencia en la relación, aunque sea en contra de su voluntad. Pero es tanta la necesidad de aprobación o el miedo al rechazo, que no les interesa que sea por intimidación o inseguridad el que su pareja decida seguir con ellos.

Lo que realmente les importa es que esté a su lado dándoles "tiempo, atención, amor" y satisfaciéndoles todas sus necesidades. Lo que convierte esta relación en una convivencia co-dependiente y tóxica, no sólo para ellos, también para sus hijos.

Por eso, la mejor forma de amar y sentirse amado, es entregarse con plena voluntad, con mucha libertad, sin ningún tipo de control o intimidación; ver que la pareja se entrega por convicción, no por un compromiso social, cultural, económico o religioso, o por "los hijos", como lo justifican muchas.

Yo creo que cuando una persona se ve obligada a dar amor, en ese preciso instante, se pierde el amor. Amar no es una obligación, es algo que simplemente, se da y se recibe, sin ninguna condición.

A propósito de esto, analiza esta bellísima reflexión:

- Cuenta una vieja leyenda de los indios Sioux, que una vez llegaron tomados de la mano hasta la tienda del viejo sabio de la tribu, Toro Bravo, el más valiente de los jóvenes guerreros, y Nube Azul, la hija del cacique y una de las más hermosas mujeres del caserío...

Ferney Ramirez

- Nos amamos. -empezó el joven-
- Y nos vamos a casar. -dijo ella-
- Nos queremos tanto que tenemos miedo de perdernos el uno al otro... deseamos un hechizo, un conjuro o un talismán. Algo que nos garantice que podremos estar siempre juntos, que nos asegure que estaremos uno al lado del otro hasta encontrar la muerte.

- Por favor, -repitieron- ¿hay algo que podamos hacer?

El viejo los miró y se emocionó al verlos tan jóvenes, tan enamorados y anhelantes esperando su respuesta.

- Hay algo, -dijo el viejo- pero no sé... es una tarea muy difícil y sacrificada.

- Nube Azul... -dijo el sabio- ¿ves el monte al norte de nuestra aldea? Deberás escalarlo sola y sin más armas que una red y tus manos, deberás cazar el halcón más hermoso y vigoroso del monte. Si lo atrapas, deberás traerlo aquí con vida el tercer día después de luna llena. ¿Comprendiste?

- Y tú, Toro Bravo -siguió el sabio- deberás escalar la montaña del trueno. Cuando llegues a la cima, encontrarás la más brava de todas las águilas, y solamente con tus manos y una red, deberás atraparla sin heridas y traerla viva ante mí, el mismo día en que vendrá Nube Azul...

- ¡Salgan ahora!

Los jóvenes se abrazaron con ternura y luego partieron a cumplir la misión encomendada, ella hacia el norte y él hacia el sur.

A los tres días, como se había establecido, frente a la tienda del sabio, los dos jóvenes esperaban con las bolsas que contenían las aves solicitadas. El viejo les pidió que con mucho cuidado las sacaran de las bolsas.

Eran verdaderamente hermosos ejemplares.

- Y ahora ¿qué haremos?, -preguntó Toro Bravo- ¿las mataremos y beberemos el honor de su sangre?

- No, dijo el viejo.

- ¿Las cocinaremos y comeremos su carne? -propuso la joven-

- No, -repitió el viejo-. Harán lo que les digo: tomen las aves y átenlas entre sí por las patas con estas tiras de cuero. Cuando las hayan amarrado, suéltenlas y que vuelen libres…

El guerrero y la joven hicieron lo que se les pedía y soltaron los pájaros. El águila y el halcón intentaron levantar vuelo pero sólo consiguieron revolcarse por el piso. Unos minutos después, irritadas las aves por la incapacidad, los animales arremetieron a picotazos entre sí hasta lastimarse.

- Esta es la enseñanza: -les dijo el gran sabio-
- Jamás olviden lo que han visto. Son ustedes como un águila y un halcón. Si se atan el uno al otro, aunque lo hagan por amor, no sólo vivirán arrastrándose, sino que además, tarde o temprano, empezarán a lastimarse el uno al otro.

   - Si quieren que su amor perdure…
"vuelen juntos, pero jamás atados".

INSPIRACIÓN

"Es un hermoso libro, con mensajes muy positivos, que te ayudarán a crecer como persona" Sofía Gómez. Atlanta, GA.

"Este libro trae una serie de reflexiones, lindas enseñanzas que te harán ver la vida con optimismo" Juan Restrepo. Miami, FL.

"Es una excelente obra, las lecciones de vida que aquí aparecen, ayudan a cualquier persona a ser mejor en su diario vivir" Nelson Flores. Medellín, Colombia.

"Magnífico libro, que despertó en mi las ganas de seguir luchando con coraje y valentía por mis sueños" Piedad Suarez. Bogotá, Colombia.

"Inspirador, con profundas enseñanzas para hacer de ti... un líder, un triunfador, un gran ser Humano" Gilberto Pérez. New York, NY.